Prof. Dr. Lena Posch

Polizeirelevante psychische Störungen

Polizeirelevante psychische Störungen

Kompaktwissen für Polizeistudium und -praxis

Prof. Dr. Lena Posch
Hochschule in der Akademie der Polizei Hamburg

BOORBERG

Bibliografische Information der Deutschen Nationalbibliothek |
Die Deutsche Nationalbibliothek verzeichnet diese Publikation in der Deutschen Nationalbibliografie; detaillierte bibliografische Daten sind im Internet über www.dnb.de abrufbar.

ISBN 978-3-415-06928-2

Titelfoto: © agsandrew – stock.adobe.com | Satz: abavo GmbH, Nebelhornstraße 8, 86807 Buchloe | Druck und Bindung: Laupp & Göbel GmbH, Robert-Bosch-Straße 42, 72810 Gomaringen

Richard Boorberg Verlag GmbH & Co KG | Scharrstraße 2 | 70563 Stuttgart
Stuttgart | München | Hannover | Berlin | Weimar | Dresden
www.boorberg.de

Vorwort

Dieses Buch entstand basierend auf meinem Skript zur Veranstaltung „Psychische Störungen“ im Psychologie-Modul der Hochschule in der Akademie der Polizei Hamburg. Da das Thema psychische Störungen vor dem Hintergrund der Häufigkeit polizeilicher Kontakte mit psychisch Auffälligen eine hohe Relevanz hat und auch in den Curricula anderer Polizei-Hochschulen vertreten ist, entstand die Idee, dieses Thema kompakt auch Polizeistudierenden anderer Hochschulen, aber auch PolizeibeamtInnen in der Praxis zugänglich zu machen. Als Lern- und Studienbuch richtet es sich vor allem an Studierende in den Bachelorstudiengängen Polizei bzw. Polizeivollzugsdienst und bietet durch die Fallbeispiele und Übungsfragen die Möglichkeit, es auch für das Selbststudium zu nutzen und Bezüge zur eigenen (späteren) Berufstätigkeit herzustellen.

Das Ziel dieses „Lernbuchs“ ist, Ihnen ein Basiswissen über polizeirelevante psychische Störungen zu vermitteln, d. h. über Störungsbilder, mit denen Sie im Rahmen Ihrer Berufstätigkeit sehr wahrscheinlich häufiger konfrontiert werden. Sie sollen später natürlich keine psychischen Störungen diagnostizieren können, aber Sie sollen in die Lage versetzt werden, zu erkennen, ob eventuell eine psychische Erkrankung vorliegen könnte und Ideen haben, um welche Störung es sich handeln könnte, um angemessen und handlungssicher reagieren zu können. Es geht letztlich darum, Aspekte zu kennen, auf die Sie im Umgang mit psychisch auffälligen Personen achten können und Ihre Handlungsoptionen dadurch zu erweitern. Es geht auch darum, die eigene Einstellung zu psychischen Störungen zu reflektieren und dadurch eine entpathologisierende Haltung einzunehmen, um keine „Ängste“ vor dem Kontakt mit Personen mit mehr oder weniger ausgeprägten psychischen Auffälligkeiten zu haben und Unsicherheiten zu reduzieren.

Auch ist es wichtig, die spezifischen mit bestimmten Störungsbildern zusammenhängenden Probleme und Charakteristiken der inneren Erlebniswelt der betroffenen Menschen zu kennen, damit man gezielt einfühlsam und situationsangemessen auf sie eingehen und so eine Begegnung mit ihnen so konfliktfrei wie möglich gestalten kann.

Inhaltlich behandelt das Buch zum Einstieg die Relevanz des Themas psychische Störungen für die Polizei sowie die Frage, was eigentlich psychische Störungen sind. Wie sind sie definiert, wo und durch wen werden sie klassifiziert und wie verbreitet sind psychische Störungen eigentlich bzw.

welche Gruppen sind besonders davon betroffen? Darüber hinaus werden die in der klinischen Psychologie gängigen Erklärungsmodelle psychischer Störungen vorgestellt, also welche (begründeten und fundierten) Vorstellungen gibt es darüber, wie eigentlich eine psychische Erkrankung entsteht. Dann werden ausgewählte polizeirelevante Störungsbilder vorgestellt. Das Buch erhebt dabei nicht den Anspruch, ein vollständiges Lehrbuch klinischer Psychologie zu sein, in dem erschöpfend alle Störungsbilder abgehandelt werden – davon gibt es bereits sehr gute für andere Zielgruppen – sondern vielmehr das vorhandene Lehrbuchwissen zu ausgewählten Störungsbildern, die für die Polizei aufgrund der Kontakthäufigkeit besonders relevant sind, kompakt und adressatengerecht vorzustellen. Ziel dabei war, das Wesentliche anwendungsorientiert für die Zielgruppe der PolizeibeamtInnen und -studierenden so darzustellen, dass es auch ohne psychologische Grundausbildung verständlich ist. Zudem – und das ist das Besondere an dem Buch – wird bei allen Störungsbildern jeweils der polizeiliche Bezug hergestellt und durch weiterführende Übungsfragen vertieft. Diese sollen dazu anregen, das Rezipierte zu wiederholen, anzuwenden und gedanklich weiterzuverfolgen. Die Auswahl der Störungen richtet sich weitgehend nach denen, die auch schon an anderer Stelle (z.B. Litzcke & Hermanutz, 2004) als polizeirelevant identifiziert wurden.

Im letzten Teil, der unmittelbar auf die Praxisrelevanz ausgerichtet ist, wird darauf eingegangen, woran man im Kontakt erkennt, ob eine psychische Erkrankung oder Auffälligkeit vorliegen könnte und welche psychischen Störungen mit einem erhöhten Gefährlichkeitspotenzial im Sinne möglicher aggressiver Reaktionen einhergehen *können*. Es wird darauf eingegangen, was spezifische Risikokonstellationen sind (im Sinne der Verknüpfung bestimmter Merkmale der Person und der Situation) und wie Sie als PolizeibeamtInnen die Situation eher deeskalieren können oder welches Verhalten wiederum sich sehr wahrscheinlich eher eskalierend auswirkt.

Die Literaturangaben hinter den Abschnitten sind die Quellen des jeweiligen Abschnitts und zudem als Hinweis, wo vertiefend nachgelesen werden kann, zu verstehen.

Abschließend möchte ich meinen herzlichen Dank an meine (ehemaligen) studentischen Hilfskräfte richten, die mich bei der Erstellung des Vorlesungsskripts, auf dem dieses Buch basiert, sehr gut unterstützt haben: Mein besonderer Dank gilt Alisa Bläser für ihre hervorragende Mitarbeit bei der Aufbereitung meiner Vorlesungsmaterialien, Rebecca Ehmcke für ihre

Unterstützung bei der Erstellung einiger Aufgaben und Fallbeispiele und Moritz Spielberger für die Erstellung des Glossars.

Hamburg, im September 2020 Lena Posch

Allein aus Gründen der besseren Lesbarkeit wird auf die gleichzeitige Verwendung männlicher und weiblicher Sprachformen verzichtet. Sämtliche Personenbezeichnungen gelten für beide Geschlechter.

Inhaltsverzeichnis

Einführung: Warum ist das Thema für die Polizei relevant?

Die Relevanz des Themas psychische Störungen für die Polizei ergibt sich zunächst einmal aus deren relativ hoher Auftretenshäufigkeit in der Bevölkerung (vgl. Abschn. 1.4) und dem Umstand, dass polizeiliche Kontakte mit Menschen, die an einer psychischen Störung leiden, relativ häufig vorkommen. Im polizeilichen Alltag ergeben sich vielfältige mögliche Konstellationen, in denen Menschen mit psychischen Störungen einen Einsatzanlass darstellen. Diese können von verwirrten, hilflosen dementen Personen über Menschen im Zustand einer akuten Psychose über Notrufe wegen suizidaler oder fremdgefährdender Personen über Alkohol- und Drogenkranke bis zu psychisch auffälligen Tätern bei Stalking, häuslicher Gewalt oder (versuchten) Amoktaten o. Ä. reichen[1]. Weitere polizeiliche Berührungspunkte können sich im Zusammenhang mit der (unfreiwilligen) gesetzlichen Unterbringung psychisch Kranker bzw. deren Zuführung in eine psychiatrische Einrichtung ergeben. Diese haben Studien zufolge in Deutschland in den letzten Jahren in der Tendenz zugenommen[2].

Es liegt in der Natur der Sache, dass sich polizeiliche Kontakte bzw. Einsatzanlässe immer gerade dann ergeben, wenn Menschen mit psychischen Störungen in irgendeiner Weise auffällig, selbst- oder fremdgefährdend werden und sie sich in einem Zustand hoher emotionaler und psychosozialer Belastung befinden[3]. PolizeibeamtInnen müssen dann unverzüglich handeln, die Situation oft mit nur wenigen Vorinformationen möglichst richtig einschätzen und mit ihrem Verhalten zur Deeskalation der Situation beitragen sowie ggf. Entscheidungen über weitere notwendige Maßnahmen treffen. Ein situationsangemessenes und in der Folge die Situation eher entschärfendes Auftreten und Handeln seitens der Beamten ist aber nur dann möglich, wenn ein fundiertes Wissen über verschiedene polizeirelevante psychische Störungsbilder vorliegt und Besonderheiten in der Wahrnehmung, dem Erleben und Verhalten bei bestimmten Störungsbildern sowie mögliche Eskalationsfaktoren bekannt sind. So ist z. B. eine Bewaffnung und ggf. Bedrohung mit einem Messer bei einem akut Schizophrenen ganz anders einzuordnen als bei einer Person mit einer dissozialen Persönlichkeitsstörung und erfordert eine andere polizeiliche Reaktion.

1 Vgl. auch Hermanutz & Litzcke (2004).

2 Vgl. z. B. Juckel & Haußleiter (2015).

3 Vgl. Schmalzl (2012).

Allerdings verweisen sowohl ältere[4] als auch aktuelle[5] Studienbefunde darauf, dass einsatzbezogene Kontakte mit psychisch auffälligen Menschen von Polizeibeamten als konflikthaft angesehen werden, insbesondere aufgrund der schweren Einschätz- und Vorhersagbarkeit ihres zum Teil als irrational wahrgenommenen Verhaltens. Dies kann bei einem nicht unerheblichen Teil der Beamten zu Gefühlen von Angst während der Einsatzsituation führen – insbesondere dann, wenn wenig Wissen über psychische Störungen vorliegt[6].

Unkenntnis und Unsicherheit im polizeilichen Umgang mit psychisch Auffälligen sowie daraus ggf. resultierendes eigenes Bedrohungserleben wiederum können auf Seiten der eingesetzten Beamten zu Überreaktionen führen, die die Situation zusätzlich verschärfen und dadurch den Ausgang der Kontakte für beide Seiten negativ beeinflussen. Dies spiegelt sich nicht zuletzt in dem hohen Anteil von Personen mit psychischen Störungen unter den durch Polizeiwaffen Getöteten wider, die etwa zwei Drittel ausmachen[7], was insofern einen weiteren Aspekt der Relevanz des Themas für die Polizei begründet.

So ist die Vermittlung und Aneignung eines fundierten Wissens in diesem Themengebiet in Polizeiausbildung, -studium und -praxis nicht zuletzt für eine adäquate Gefährdungseinschätzung und die Erweiterung der Handlungsoptionen sowie den reflektierten Einsatz von Maßnahmen unabdingbar.

---

4 Litzcke (2004).

5 Wittmann, Joerns-Presentati & Groen (2020).

6 ebd.

7 Finzen (2014).

1 Was sind psychische Störungen?

1.1 Psychische Gesundheit vs. Krankheit

Gesundheit definiert sich gemäß der Weltgesundheitsorganisation (WHO, 2006) nicht nur durch die Abwesenheit von Krankheit, sondern beschreibt einen Zustand vollkommenen körperlichen, psychischen und sozialen Wohlbefindens. Gesunde Menschen schaffen es so, den wechselnden Herausforderungen des Alltags gerecht zu werden.

Was als psychisch krank gilt, wird hingegen meist erst einmal kategorial eingeteilt: z.B. jemand bekommt die Diagnose Depression oder nicht. Solch eine Einteilung setzt voraus, dass zwischen den beiden Zuständen gesund und krank eine klare Trennung möglich ist. Dies ist bei den meisten psychischen Störungen jedoch nicht der Fall und wird der Vielschichtigkeit und dem dimensionalen Charakter der Einzelmerkmale nicht gerecht; vielmehr gibt es fließende Übergänge zwischen gesund und krank. Um diesen fließenden Übergängen Rechnung zu tragen, wird auf die dimensionale Klassifikation zurückgegriffen, die eine psychische Erkrankung (bzw. einzelne psychische Merkmale der Person) auf einem Kontinuum zwischen den Polen gesund und krank (oder geringe Ausprägung = 1 bis hohe Ausprägung = 10) erfasst.

Dabei kann ein dimensionales Klassifikationssystem auch mit einem kategorialen Ansatz verknüpft werden: Um zu entscheiden, wann auf diesem Kontinuum eine psychische Krankheit vorliegt oder nicht vorliegt (und ggf. in welchem Schweregrad), kann man einen quantitativen Grenzwert (Schwelle) festlegen und sich dazu verschiedener *Normen* bedienen:

- *Statistische Norm*: als krank gilt, was statistisch gesehen selten ist.

  Dabei wird ein Bereich um den Mittelwert (entspricht „Normalität") herum definiert (68,2 % = von -1 bis +1 Standardabweichung), der als „normal" bzw. durchschnittlich angesehen wird. In diesem Bereich befinden sich die meisten (=68,2 %) Menschen. Je weiter man unterhalb der Normalverteilungskurve zu den Randbereichen vordringt, desto weniger Menschen befinden sich in diesen (-1 bis -2 und +1 bis +2 Standardabweichungen je 13,6 %, -2 bis -3 und +2 bis +3 Standardabweichungen je 2,1 %), d.h. desto seltener liegt im Fall der Definition einer psychischen Störung ein bestimmter psychischer Zustand vor. Das wiederum bedeutet, dass dieser Zustand immer weiter vom Durchschnitt (68,2 % um den Mittelwert herum) abweicht und somit als zunehmend kränker angesehen wird.

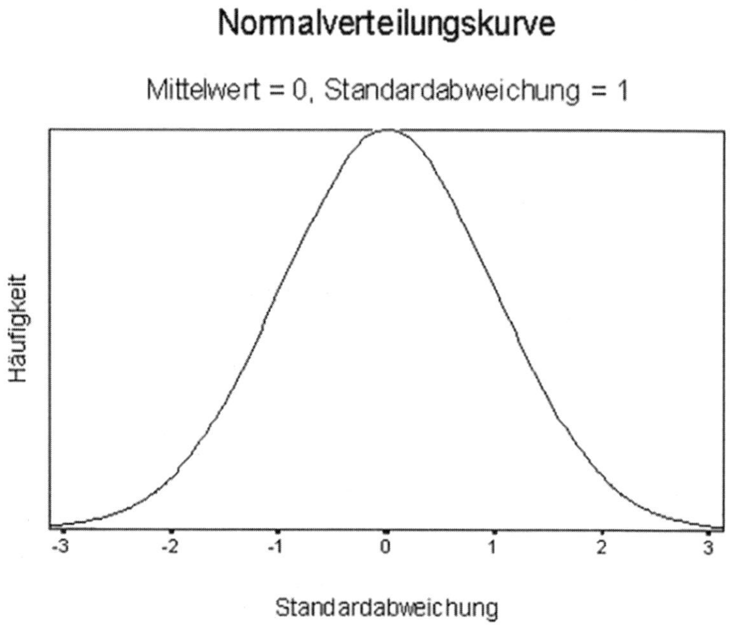

Abb. 1 Normalverteilungskurve

- *Funktionelle Norm*: als krank gilt, was Menschen daran hindert, sich gemäß ihren aktuellen Lebensbedingungen zu verhalten bzw. ihre alltäglichen Funktionen zu erfüllen
- *Soziale Norm*: als krank gilt, was vom gesellschaftlich Festgelegten abweicht

🕮 Wittchen, & Hoyer (2011): *Klinische Psychologie & Psychotherapie:*
Kapitel 1.3 „Was sind psychische Störungen?" (S. 7–10)
Kapitel 2.1 „Abnorm oder normal – Krank oder gesund?" (S. 28–32)

1.2 Psychische Störungen

In der Psychologie wird (im Unterschied zu den meisten Bereichen der Medizin) auf den Begriff „Krankheit" verzichtet und stattdessen der neutralere Begriff der „psychischen Störung" bevorzugt, da eindeutig nachgewiesene Kausalbeziehungen für die Entstehung einer psychischen Störung fehlen.

Psychische Störungen sind dabei als ein klinisch bedeutsames Verhaltens- oder psychisches Muster definiert[8], das einhergeht mit

- Leidensdruck bei sich (z.B. durch Schmerzen) oder anderen (z.B. durch Verhaltensprobleme),
- einer erheblichen Beeinträchtigung (z.B. im Sozialleben, in beruflichen Leistungen oder finanziellen Bereichen) oder
- einem erhöhten Risiko zu sterben oder tiefgreifenden Freiheitsverlust zu erleiden.

Ursächlich dafür ist eine verhaltensmäßige, psychische oder biologische Funktionsstörung.

Bei psychischen Störungen handelt es sich also um eine **Beeinträchtigung**

- **im Handeln** (z.B. in der Motorik oder sozialen Interaktion)
- **in der Wahrnehmung,**
- **im Denken** (z.B. im Urteilen oder Lernen),
- **im Fühlen oder**
- **der körperlich/biologischen Funktionsweise** (z.B. Veränderungen im Transmitterhaushalt, der Muskelspannung)

die zu einem dauerhaft und massiv herabgesetzten Fähigkeits- und Funktionsniveau des Betroffenen führt.

Es handelt sich dagegen *nicht* um eine psychische Störung, wenn das Verhalten

- nur eine verständliche Reaktion auf ein Ereignis ist (z.B. Trauer beim Verlust einer nahestehenden Person) oder
- nur von der Norm abweicht (z.B. politisch, religiös oder sexuell) oder zu individuellen Konflikten mit der Gesellschaft führt, ohne dass dem eine Funktionsstörung zugrunde liegt.[9]

Wittchen & Hoyer (2011): *Klinische Psychologie & Psychotherapie:*
Kapitel 1.3 „Was sind psychische Störungen?“ (S. 7–10)
Kapitel 2.1 „Abnorm oder normal – Krank oder gesund?“ (S. 28–32)

Caspar, Pjanic & Westermann (2018): *Klinische Psychologie:*
Kapitel 1.3.1 „Psychische Störungen – Begriff und Kriterien“ (S. 6–7)

8 Nach Wittchen & Hoyer (2011, S. 9) basierend auf dem DSM (APA, 1989, S. 944).

9 Wittchen & Hoyer (2011, S. 9).

1.3 Klassifikation psychischer Störungen

Unter der Klassifikation psychischer Störungen versteht man die Zuweisung von Diagnosen zu Syndromen (Gruppe typischerweise gemeinsam auftretender Symptome). Damit ist die Klassifikation psychischer Störungen rein beschreibend: Ohne Aussagen über die Entstehung psychischer Störungen zu machen, werden leicht erkennbare und gut messbare Symptome, daher vor allem Verhaltensauffälligkeiten, nur aufgelistet. Ab einer gewissen Anzahl, Dauer, Häufigkeit und Intensität der auftretenden Symptome wird ihnen ein Krankheitswert zugeschrieben und damit ihre klinische Bedeutsamkeit beurteilt. So kann entschieden werden, ob eine psychische Störung vorliegt oder nicht und welchen Schweregrad sie aufweist. Die Grenzwerte dafür basieren auf dem Konsens internationaler Experten und dem aktuellen Stand der Forschung.

Derzeit gibt es zwei international gültige Klassifikationssysteme für psychische Störungen: Kapitel F der ICD-10 (10th Revision of the International Classification of Diseases, WHO 1992) sowie das DSM-5 (5th Revision of the Diagnostic and Statistical Manual of Mental Disorders, American Psychiatric Association (APA), 2013). Grundsätzlich sind beide Systeme hinsichtlich Diagnosen und Aufbau miteinander kompatibel. Die in Deutschland zur Kodierung und Leistungsabrechnung verwendete ICD-10 klassifiziert in anderen Kapiteln darüber hinaus auch alle weiteren Krankheiten – nicht nur die psychischer Art. Dafür ist das DSM-5 für psychische Störungen ausführlicher und wird vor allem von Psychologen und in der Forschung verwendet. Ein einheitliches, mehr erklärendes Klassifikationssystem gestaltet sich aufgrund vieler unspezifischer Störungsbilder und multikausaler Entstehungsbedingungen schwierig.

Tabelle 1: Psychische Störungen und Kategorisierung nach ICD-10[10]

Gliederung	Art der Störungen
F00-F09	**Organische, einschließlich symptomatischer psychischer Störungen** • z. B. Demenzen (Alzheimer, vaskuläre Demenz, Demenz bei anderenorts klassifizierten Krankheiten) • andere psychische Störungen aufgrund einer Schädigung oder Funktionsstörung des Gehirns
F10-F19	**Psychische und Verhaltensstörungen durch psychotrope Substanzen** • Akute Intoxikation • Schädlicher Gebrauch • Abhängigkeits- und Entzugssyndrome für Substanzen (z. B. Alkohol, Tabak, sonstige Drogen wie Cannabinoide, Kokain, andere Stimulantien, einschl. Koffein etc.)

Gliederung	Art der Störungen
F20-F29	**Schizophrenie, schizotype und wahnhafte Störungen** • Z. B. paranoide, hebephrene, katatone Schizophrenie • akute vorübergehende psychotische Störungen • schizoaffektive Störungen (manisch, depressiv oder gemischt)
F30-F39	**Affektive Störungen** • z. B. Manie und Hypomanie • Depression (depressive Episode, rezidivierende depressive Störungen) • Bipolare affektive Störung
F40-F49	**Neurotische, Belastungs- und somatoforme Störungen** • Phobien und andere Angststörungen (z. B. Panikstörung, generalisierte AS) • Zwangsstörungen • Reaktionen auf schwere Belastungen und Anpassungsstörungen (z. B. akute Belastungsreaktion, posttraumatische Belastungsstörung) • Dissoziative Störungen (z. B. dissoziative Amnesie, Multiple Persönlichkeit) • Somatoforme Störung (z. B. hypochondrische Störung)
F50-F59	**Verhaltensauffälligkeiten mit körperlichen Störungen und Faktoren** • Z. B. Essstörungen • Schlafstörungen • Sexuelle Funktionsstörungen
F60-F69	**Persönlichkeits- und Verhaltensstörungen** • Z. B. spezifische Persönlichkeitsstörungen (z. B. paranoide PS, dissoziale PS) • Andauernde Persönlichkeitsänderungen (z. B. nach Extrembelastung) • Abnorme Gewohnheiten und Störungen der Impulskontrolle (z. B. pathologisches Spielen, pathologische Brandstiftung, Kleptomanie) • Störungen der Geschlechtsidentität • Störungen der Sexualpräferenz (Paraphilien) (z. B. Fetischismus, Voyeurismus, Exhibitionismus, Pädophilie, Sadomasochismus)
F70-F79	**Intelligenzminderung** • Leichte (IQ von 50–69) bis schwere (IQ von 20–34) Intelligenzminderung
F80-F89	**Entwicklungsstörungen** • Sprache, Sprechen, schulische Fertigkeiten (z. B. Lese-Rechtschreibstörung) • motorische Störungen • Autismus
F90-F98	**Verhaltens- und emotionale Störungen mit Beginn in der Kindheit und Jugend** • Z. B. Hyperkinetische Störungen, Tic-Störungen • Störungen des Sozialverhaltens, Störungen sozialer Funktionen
F99-F99	**Nicht näher bezeichnete psychische Störungen** • Nicht klar definierbare Störungsbilder

🕮 Wittchen & Hoyer (2011): *Klinische Psychologie & Psychotherapie:*
Kapitel 2 „Diagnostische Klassifikation psychischer Störungen" (S. 33–42)

10 Modifiziert nach WHO, 1992.

1.4 Verbreitung psychischer Störungen

Die Verbreitung (Epidemiologie) psychischer Störungen wird meist anhand von Prävalenzraten ausgedrückt. Prävalenz beschreibt die Häufigkeit einer Erkrankung und Prävalenzraten entsprechend dem Prozentsatz aller Krankheitsfälle in einer definierten Population (z. B. alle in Deutschland lebenden Personen zwischen 18 und 65 Jahren) zu einem bestimmten Zeitpunkt oder innerhalb einer bestimmten Zeitperiode (z. B. 12-Monats-Prävalenz für das vergangene Jahr).

Epidemiologische Befunde zeigen, dass psychische Störungen weiter verbreitet sind, als sie allgemein wahrgenommen werden:

- In Deutschland leiden insgesamt rund 18 Millionen Menschen an einer psychischen Störung
- 12-Monats-Prävalenz der Erwachsenen in Deutschland:

  Im Laufe eines Jahres erkrankt etwa jede dritte Frau und jeder vierte bis fünfte Mann an einer psychischen Störung (insgesamt 27.7 %)

  - Angststörungen stellen dabei die größte Störungsgruppe dar (15.3 %), gefolgt von Depressionen (7.7 %) und Alkohol- und Medikamenten-induzierten Störungen (5.7 %)
  - Männer sind im Vergleich zu Frauen eher von Alkoholabhängigkeit betroffen (insbesondere Männer unter 35 Jahren), Frauen neigen dagegen eher zu Angststörungen oder affektiven Störungen
  - Jüngere (18–34 Jahre) haben häufiger psychische Störungen als Ältere (65–79 Jahre)
  - Ledige oder alleinstehende Personen erkranken gegenüber Verheirateten eher an psychischen Störungen
  - Auch ein niedriger sozioökonomischer Status ist häufiger mit psychischen Störungen assoziiert als ein höherer
  - Und Rentner sowie Arbeitslose haben im Vergleich zu Vollzeiterwerbstätigen eine höhere Wahrscheinlichkeit, eine psychische Störung zu entwickeln
- Unter den Erwerbstätigen haben die Ausfalltage aufgrund von psychischen Störungen von 2000 bis 2016 stark zugenommen und waren zuletzt der zweithäufigste Grund für betriebliche Fehlzeiten. Das liegt z. B. daran, dass
  - psychische Störungen heute besser erkannt werden und
  - in modernen Arbeitswelten die Einschränkungen durch psychische Störungen größer sind

- Insbesondere Personen aus dem Gesundheitswesen sowie der öffentlichen Verwaltung sind überdurchschnittlich häufig aufgrund von psychischen Störungen krankgeschrieben

Wittchen & Hoyer (2011): *Klinische Psychologie & Psychotherapie:*
Kapitel 3 „Epidemiologische Beiträge zur Klinischen Psychologie" (S. 59–87)

Jacobi et al. (2014): *Psychische Störungen in der Allgemeinbevölkerung:* (S. 77–87)

DAK (2015). *Psychoreport 2015:*
Kapitel 1 „Branchen im Blick" (S. 19–22)

Bundespsychotherapeutenkammer (BPtK): *Psychische Erkrankungen verursachen weiter häufige Fehlzeiten* (Pressemitteilung vom 02.01.2018)

Deutsche Gesellschaft für Psychiatrie und Psychotherapie, Psychosomatik und Nervenheilkunde e. V. (2018). *Psychische Erkrankungen in Deutschland: Schwerpunkt Versorgung.* Verfügbar unter: https://www.dgppn.de/_Resources/Persistent/f80fb3f112b4eda48f6c5f3c68d23632a03ba599/DGPPN_Dossier%20web.pdf [29.08.2020].

Übungsaufgaben

1.1 Welche Norm liegt der hier beschriebenen Definition psychischer Störungen zugrunde? Begründen Sie kurz.

1.2 Fallbeispiel: Herr Gerold M.

Leidet Herr M. an einer psychischen Störung oder handelt es sich um eine normale Krise? Begründen Sie

Fallbeispiel

Gerold M. veränderte sich – scheinbar ohne Anlass – in den letzten Wochen. Als ein bislang eher ausgeglichener und fröhlicher Mensch wurde er niedergeschlagen und verzweifelt. Der betriebspsychologische Dienst wurde eingeschaltet, als er bei einem Seminar morgens offensichtlich alkoholisiert einen Vortrag hielt. Als Führungskraft bei der Lufthansa schien es Herrn M. sehr gut zu gehen. Er hatte Geld und ein breites Spektrum von Interessen, er war körperlich gesund und hatte eine ihn liebende Familie. Aber kurz nach seinem 50. Geburtstag verlor er allmählich das Interesse an seiner Arbeit, wollte nicht mehr mit Freunden oder der Familie ausgehen und zog es vor, sich in sein Arbeitszimmer zurückzuziehen. Dort trank er – für ihn ungewöhnlich – nahezu täglich Alkohol und grübelte vor sich hin. Er war ohne Appetit, schlief schlecht und hatte an nichts Vergnügen, auch nicht am Zusammensein mit seiner Frau und den Kindern. Mehr und mehr beherrschte ihn das Gefühl, dass er die Kontrolle über die Dinge verloren habe und dass kaum noch eine Chance bestehe, sein Leben je wieder voll in den Griff zu bekommen. Herr M.

merkte, dass sein Blick häufig zu den Jagdflinten schweifte, die er in dem Landhaus aufbewahrte. Er fragte sich, ob seine Finanzen genügend geordnet seien, um seiner Familie den Unterhalt zu sichern, falls er sterben würde.

Aus Wittchen & Hoyer (2011), S. 10

1.3. Wie werden Menschen mit psychischen Störungen in der Gesellschaft gesehen? Welche Vorurteile haften ihnen an? Wie stellt sich dies im Vergleich zu Menschen mit körperlichen Erkrankungen dar? Worin könnten besondere Probleme von Menschen mit psychischen (im Vergleich zu körperlichen) Erkrankungen bestehen?

2 Erklärungsmodelle psychischer Störungen

2.1 Psychodynamisches Modell

Die klassische Theorie des psychodynamischen Modells wurde von Sigmund Freud (1856–1939) begründet und besagt, dass psychische Störungen auf verdrängten und damit **unbewussten Konflikten** sowie **problematischen Entwicklungen** während der Kindheit basieren. Nach Freud ist das menschliche Verhalten durch ein Wechselspiel von drei psychischen Instanzen, dem „Es", „Ich" und „Über-Ich", die jeweils ihre eigenen Ziele verfolgen, geprägt und die Persönlichkeit psychodynamisch. Das „Es" folgt dabei dem Lustprinzip, d.h., es sucht die unmittelbare Befriedigung grundlegender Bedürfnisse, Triebe und Impulse. Das „Ich" als einziger vorwiegend bewusster Teil der Psyche folgt dagegen dem Realitätsprinzip und vermittelt zwischen den Anforderungen der Realität und den Ansprüchen des „Es" und des „Über-Ichs". Die dritte Instanz des „Über-Ichs" ist der Sitz der moralischen Normen und Werte der Gesellschaft und entspricht damit in etwa dem Gewissen.

Weiter nahm Freud an, dass die Persönlichkeit in **vier aufeinanderfolgenden psychosexuellen Phasen** reift, in denen jeweils ein anderer Teil des Körpers als lustvoll erlebt wird und am besten geeignet ist, die triebhaften Bedürfnisse des Es zu befriedigen: Die orale (Geburt bis zum 1,5 Lebensjahr: Mund, Lippen => Nahrungsaufnahme), die anale (1,5–3 Lebensjahr: Anus kontrollieren => Sauberkeitserziehung), die phallische (3.–5. Lebensjahr: Wahrnehmung und kindliches Erkunden der eigenen Genitalien) und die genitale Phase (ab dem 13. Lebensjahr: Entdecken erwachsener Sexualität). Zwischen der phallischen und der genitalen Phase liegt Freuds Theorie zufolge zudem noch eine Latenzphase (5.–13. Lebensjahr), in der die Es-Impulse weniger ausgeprägt und deshalb weniger verhaltensrelevant sind.

In jeder dieser Phasen gilt es, Konflikte zwischen Befriedigungsbedürfnissen des Es und den Gegebenheiten der Umwelt zu lösen. Die Art und Weise, wie der Mensch das tut, formt seine Persönlichkeit. Erfährt ein Mensch zu viel oder zu wenig Befriedigung seiner Bedürfnisse während einer dieser Phasen, entwickelt er eine Fixierung, die jeweils mit dauerhaften Persönlichkeitsmerkmalen verbunden ist. Ist die Person dann später als Erwachsener Belastungen oder psychosozialem Stress ausgesetzt, kehrt er wieder zu diesem Stadium zurück. Man spricht dann in der psychoanalytischen Terminologie von „Regression". Eine Fixierung in der analen Phase (Phase der

Sauberkeitserziehung) kann nach Freud z. B. zu einer Zwangsstörung und Geiz führen. Psychodynamische Behandlungen zielen daher vor allem darauf ab, diese verdrängten Konflikte bewusst zu machen.

Freud hat seine Theorie aufgrund einzelner Beobachtungen vor allem seiner eigenen Kinder sowie in Therapiesitzungen entwickelt und wurde deshalb oft als „unwissenschaftlich" kritisiert (z. B. da es eine kleine „Stichprobe" ist, die zudem nicht repräsentativ ist, da sie sich auf gebildete und reiche Wiener – seine PatientInnen – bezog und er zudem nicht nach formalen wissenschaftlichen Standards, z. B. mit Experimenten, arbeitete. Darüber hinaus waren seine Daten nicht objektiv und wenig nachvollziehbar, da er während seiner Therapiesitzungen nur wenige Aufzeichnungen machte). Dennoch ist der Beitrag Freuds gewaltig und spielt auch weiterhin in der klinischen Psychologie eine große Rolle. Beispielweise gehen allgemein anerkannte Annahmen, wie z. B. dass (frühe) Kindheitserfahrungen zur Persönlichkeitsbildung des Erwachsenen beitragen, dass unser Verhalten durch unbewusste Prozesse gesteuert wird sowie dass Ursachen und Zweck menschlichen Verhaltens nicht immer offenkundig und von außen unmittelbar erkennbar sind, auf Freuds frühe Erkenntnisse und Theorien zurück.

📖 Davison, Neale & Hautzinger (2007): *Klinische Psychologie:*
Kapitel 2.2 „Das psychodynamische Paradigma" (S. 23–36)

2.2 Lerntheoretisches Modell

Dem lerntheoretischen Modell zufolge wird **abweichendes Erleben und Verhalten** nach den gleichen Prinzipien **erlernt** wie normales Verhalten. Zu diesen Prinzipien gehört zum einen die *klassische Konditionierung* nach Iwan Pawlow (1849–1936). Dabei kann ein ursprünglich neutraler Reiz (z. B. ein Glockenton) eine konditionierte Reaktion (z. B. Speichelfluss beim Hund) hervorrufen, wenn der neutrale Reiz mehrfach mit einem unkonditionierten Reiz gepaart auftritt, der diese Reaktion automatisch ohne vorheriges Lernen auslöst (z. B. Futter).

Klassisches Experiment nach Pawlow:

1. Futter löst beim Hund Speichelfluss aus
2. Glockenton (= neutraler Reiz) löst keinen Speichelfluss aus
3. Futter wird mehrfach unmittelbar nach Glockenton dargeboten: löst Speichelfluss aus
4. Nur Glockenton löst Speichelfluss aus

Ein weiteres Lernprinzip ist das *operante Konditionieren* nach Skinner (1904–1990). Danach tritt ein Verhalten wahrscheinlicher auf, wenn es zu angenehmen Konsequenzen führt (*positive Verstärkung*) bzw. wenn es unangenehme Konsequenzen beendet (*negative Verstärkung*). Eine Ratte lernt so z. B. einen Hebel im Käfig zu drücken, wenn sie dafür Futter bekommt oder wenn Stromschläge dafür ausbleiben. Ein Verhalten tritt weniger wahrscheinlich auf, wenn es zu unangenehmen Konsequenzen führt (positive Bestrafung) bzw. wenn es positive Konsequenzen entzieht (negative Bestrafung).

Am Beispiel der Entstehung und Aufrechterhaltung einer Angststörung (Panikstörung) lassen sich diese Lernprinzipien auf eine psychische Störung bezogen veranschaulichen:

(Nach der Zwei-Faktoren-Theorie von Mowrer, 1947)

A: Entstehung der Angst: Klassisches Konditionieren

1. Bus fahren: keine Angstreaktion
2. Plötzliches Auftreten einer Panikattacke beim Bus fahren: unkonditionierte Angstreaktion
3. Bus fahren: konditionierte Angstreaktion (d. h. die Angst wird an das Bus fahren gekoppelt und in Zukunft bekommt die Person Panikattacken im Bus)

Bezogen auf die Angststörung wird die Aufrechterhaltung der Angst mit dem operanten Konditionieren erklärt:

B: Aufrechterhaltung der Angst: operantes Konditionieren

Das Busfahren und die konditionierte Angstreaktion sind unangenehm und stellen damit negative Konsequenzen dar. In der Folge wird das Busfahren in Vorausahnung der unangenehmen Angstreaktion vermieden. Das Meiden des Busfahrens wird durch das Ausbleiben der Angstreaktion belohnt und damit verstärkt. Dadurch wird das Verhalten über die Zeit sehr stabil und die Person betritt keinen Bus mehr.

Ein weiteres wichtiges Prinzip innerhalb der lerntheoretischen Theorien ist das *Modelllernen* nach Bandura (1968), bei dem Verhalten durch Beobachtung und Nachahmung anderer erlernt wird. Z.B. können ursprünglich furchtlose Kinder am Modell ihrer Eltern, die jedes Mal hysterisch aufschreien, wenn sie eine Spinne sehen, eine Phobie vor Spinnen entwickeln. In einer Verhaltenstherapie wird versucht, solche Verhaltensstörungen zu verlernen und gewünschtes Verhalten zu erlernen.

Die Kritik am lerntheoretischen Modell ist jedoch, dass Störungen nur auf beobachtbares Verhalten zurückgeführt und z. B. biologische Prozesse außer Acht gelassen werden.

🕮 Davison, Neale & Hautzinger (2007): *Klinische Psychologie:*
Kapitel 2.4 „Lerntheoretische Paradigmen" (S. 40–47)

2.3 Kognitives Modell

Das kognitive Modell rührt vom Begriff „Kognition": Prozesse des Wahrnehmens, Erkennens, Begreifen, Urteilens und Schließens. Demnach entstehen psychische Störungen durch **dysfunktionale Kognitionen** und werden durch sie vor allem auch aufrechterhalten. So haben Depressive z. B. die Überzeugung, dass sie keinen Einfluss auf ihre Umgebung haben (*Theorie der erlernten Hilflosigkeit*). In der kognitiven Verhaltenstherapie werden solche Denkmuster identifiziert und verändert.

Die Kritik am kognitiven Modell ist, dass es zu sehr die aufrechterhaltenden Kognitionen für psychische Störungen fokussiert, aber deren Ursachen z. B. in der Biografie des Betroffenen vernachlässigt.

🕮 Davison, Neale & Hautzinger (2007): *Klinische Psychologie:*
Kapitel 2.5 „Das kognitive Paradigma" (S. 47–50)

2.4 Soziokulturelles Modell

Auch soziale Faktoren können die Entstehung und den Verlauf einer psychischen Störung beeinflussen. Diese **sozialen Faktoren** können entweder **in der direkten sozialen Umgebung** (z. B. begünstigt ein feindseliger Kommunikationsstil in der Familie das Auftreten einer Schizophrenie) oder in größeren **gesellschaftlich-soziodemografischen Faktoren** (z. B. der Zugehörigkeit zu einer niedrigen sozialen Schicht) liegen. Es sind bisher jedoch nur wenige Wirkzusammenhänge zwischen sozialen Faktoren und der Entstehung psychischer Störungen eindeutig nachgewiesen. Einige Therapieverfahren machen sich spezifische Einflussfaktoren vor allem aus der direkten sozialen Umgebung, z. B. durch Analyse der Kommunikationsmuster innerhalb der Familie oder der Funktion bestimmter „Symptome" dennoch im Rahmen einer Familientherapie oder systemischen Therapie zunutze.

Beispiel: Ein Kind ist aggressiv. Im Rahmen einer Familientherapie könnte herausgefunden werden, dass das Kind insbesondere in Situationen aggressiv wird, wenn die Eltern streiten und bei genauer Analyse könnte sich ergeben, dass das Symptom der Aggression ein Mittel darstellt, um vom Streit der Eltern abzulenken und dadurch die (negative) Aufmerksamkeit auf sich zu ziehen, so dass die Eltern „geeint" versuchen, die Aggressionen des Kindes in den Griff zu bekommen.

📖 Wittchen & Hoyer (2011): *Klinische Psychologie & Psychotherapie*:
Kapitel 13 „Soziale Bedingungen psychischer Störungen" (S. 320–328; S.333)

2.5 Biologisches Modell

Beim biologischen Modell geht man davon aus, dass psychische Störungen durch **abnorme biologische Prozesse** verursacht werden. Der Verhaltensgenetik zufolge liegen die biologischen Ursachen in der genetischen Ausstattung, die zu Unterschieden im Verhalten führen kann. So kann eine Disposition (Diathese) z. B. für eine Schizophrenie vererbt werden, die dann je nach Umweltbedingung zum Ausbruch der Störung führt oder nicht. Andere Forschungsansätze legen einen Zusammenhang zwischen dem Neurotransmitterhaushalt und psychischen Störungen nahe. So kann eine Manie z. B. durch zu viel Noradrenalin verursacht werden.

Dieser angenommene Zusammenhang zwischen psychischer Störung und biologischer Störung legt eine Behandlung der veränderten körperlichen Funktionen nahe (z. B. Erregungszustände bei Angststörungen durch Tranquilizer verringern).

Die Kritik am Modell ist jedoch, dass es zu reduktionistisch ist und komplexe Störungen auf rein biologische Prozesse reduziert werden.

📖 Davison, Neale & Hautzinger (2007): *Klinische Psychologie*:
Kapitel 2.1 „Das biologische Paradigma" (S. 15–21)

2.6 Diathese-Stress-Modell

Das Diathese-Stress-Modell ist ein heute dominierender integrativer Ansatz, der biologische, psychische und soziale Faktoren zur Erklärung der Entstehung und des Verlaufs psychischer Störungen vereint. Man geht davon aus, dass zur Entwicklung einer Störung **sowohl Diathese** (Disposition,

Vulnerabilität) **als auch Stress** nötig sind; ein einzelner Faktor allein führt in der Regel nicht zum Ausbruch. Diathese beschreibt dabei die Neigung/Verletzbarkeit/Anfälligkeit eines Menschen, auf besondere Weise auf belastende Umweltereignisse zu reagieren. Diese Neigung kann in einer biologischen Disposition (wie z.B. genetische und neurobiologische Faktoren) oder in psychologischen (wie z.B. früher Verlust oder Trauma) oder auch sozialen Faktoren (z.B. familiäre Sozialisation, soziale Schicht, Bildung) begründet sein, die wiederum jeweils in Wechselwirkung zueinander stehen. Hat jemand eine Vulnerabilität für eine bestimmte Störung, erhöht sich das Erkrankungsrisiko – die Störung muss jedoch erst durch aktuelle Stressoren ausgelöst werden. Mit Stressoren sind dabei aktuelle ungünstige Umweltreize gemeint, wie z.B. einschneidende traumatische Erlebnisse (z.B. Scheidung) oder auch alltäglichere Ereignisse (z.B. Stress am Arbeitsplatz). In Abhängigkeit von der Stärke der Disposition wird eine Störung durch niedrige oder hohe Stresslevel ausgelöst. Wenn gar keine Disposition vorhanden ist, ist das Stresslevel nicht relevant.

📖 Davison, Neale & Hautzinger (2007): *Klinische Psychologie:*
Kapitel 2.7 „Das Diathese-Stress-Modell: Ein integratives Paradigma“ (S. 53–55)

Übungsaufgaben

2.1 Lesen Sie das folgende Fallbeispiel und beantworten Sie folgende Fragen:
- Wie würden Sie mit dem Diathese-Stress-Modell das Auftreten der Depression bei Frau M. erklären?
- Welche möglichen Erfahrungen der Patientin haben die Störung verursacht (welche Faktoren bilden die Diathese/Vulnerabilität für die Depression, was sind die Stressoren)? Hier können Sie auch über die Angaben im Text hinaus Hypothesen bilden.

Fallbeispiel

Frau M., eine 38-Jährige Fabrikarbeiterin, war bereits seit 2 Monaten depressiv, als sie einen Psychologen aufsuchte. Wie sie berichtete, hatte sie keine glückliche Kindheit gehabt. Als sie 6 Jahre alt war, starb ihre Mutter, die sie sehr geliebt hatte. In den folgenden Jahren lebte sie abwechselnd bei ihrem Vater oder der Schwester ihrer verstorbenen Mutter. Ihr Vater litt allerdings an wiederkehrenden depressiven Episoden und trank zum Teil sehr viel. Er hatte kein geregeltes Einkommen und es war nie genug Geld da, um fällige Rechnungen zu bezahlen. Zuweilen war der Vater unfähig, sich um sie zu kümmern, so dass sie oft auf sich allein gestellt war und sich oftmals überfordert fühlte. Sie verbrachte dann manchmal Wochen, manchmal auch Monate bei ihrer Tante in einem nahegelegenen Vorort. Dies erschwerte zudem das Knüpfen fester Freundschaften und führte dazu, dass sie das Gefühl bekam, nichts im Leben selbst beeinflussen und gestalten zu können.

Trotz dieser Beeinträchtigungen hatte sie es geschafft, ihre Lehre zu beenden und eine Anstellung zu finden; seit dem ersten Kind hatte sie allerdings für mehrere Jahre ihre Berufstätigkeit eingestellt. Als Mutter von 4 Kindern hatte sie dann vor 3 Jahren wieder angefangen zu arbeiten, weil die Verschlechterung der wirtschaftlichen Bedingungen es der Familie unmöglich machte, allein vom Geld des Ehemannes zu leben.

Sieben Monate später wurde sie aber plötzlich entlassen und die finanzielle Situation der Familie verschlimmerte sich. Die ständigen Geldsorgen führten zu verstärkten Auseinandersetzungen mit ihrem Mann. Dabei ging es nicht nur ums Geld, sondern auch um die Kinder, die aus unterschiedlichen Gründen eine schwierige Phase hatten, was hohe Anforderungen an sie als Eltern stellte und zum Teil Grund zur Sorge bereitete. Dann begannen ihre Schlafschwierigkeiten, sie verlor den Appetit und nahm ab. Sie hatte nur noch wenig Energie und verlor das Interesse an Tätigkeiten, die ihr früher Freude bereitet hatten. Obwohl sie stundenlang vor dem Fernseher saß, konnte sie sich nicht für die Sendungen interessieren, die sie früher gern gesehen hatte. Die Erfüllung ihrer Haushaltspflichten wurde unmöglich und ihr Ehemann beklagte sich und machte ihr zunehmend Druck, was zu weiteren Streitereien führte. Nun hatte er ihr mitgeteilt, sich zu trennen, wenn sie sich nicht Hilfe suche.

(modifiziert nach Davison, Neale & Hautzinger, 2007, S. 3 und S. 307)

3 Persönlichkeitsstörungen

3.1 Was sind Persönlichkeitsstörungen?

Persönlichkeitsstörungen (PS) sind **überdauernde Erlebens- und Verhaltensmuster**, die sich für jede PS in unterschiedlich charakteristischer Weise äußern. Das heißt, Menschen mit PS weichen von einem flexiblen, situationsangemessenen Erleben und Verhalten ab (z. B. in Einstellungen, Affekt, Denken, Impulskontrolle oder Beziehungen) und kennzeichnen sich stattdessen durch relativ starre, stark unangepasste Erlebens- und Verhaltensreaktionen, die für ihre PS spezifisch sind (z. B. reagieren Narzissten bei jeglicher, auch konstruktiver, Kritik wütend und aggressiv). Dies zeigt sich vor allem in Situationen, die für die Betroffenen konflikthaft sind. Die Erlebens- und Verhaltensmuster sind so starr, dass sie die Betroffenen gemäß der Definition psychischer Störungen erheblich in ihren Fähigkeiten und Funktionen im Sozial- oder Berufsleben beeinträchtigen. Diese Beeinträchtigungen werden von den Betroffenen selbst jedoch kaum wahrgenommen. Wie jeder andere erleben sie ihre (erkrankte) Persönlichkeit nicht als fremd, sondern als Teil ihrer eigenen Person (*Ich-Syntonie*). So sehen sie ihr Verhalten auch nicht als ungewöhnlich oder abweichend – selbst dann nicht, wenn sie stark unter den Folgen ihres Verhaltens leiden. Erst in der Interaktion mit Anderen wird den Betroffenen ihre Unangepasstheit bewusst (z. B. durch Kritik und Rückmeldung), denn von Anderen wird ihr Verhalten als unangemessen und normverletzend und ihre Persönlichkeit als extrem und störend wahrgenommen, sodass es immer wieder zu Schwierigkeiten in sozialen Interaktionen und Beziehungen kommt. Aus diesem Grund werden PS auch als **Interaktionsstörungen** bezeichnet und benötigen zur Diagnostik häufig die Außenperspektive. Aufgrund dieser Besonderheit der Ich-Syntonie bleiben viele PS unerkannt oder unbehandelt und die Häufigkeiten von Betroffenen werden oft unterschätzt. Schätzungsweise leiden etwa 5 bis 10 % der Erwachsenen an einer PS. Unter Strafgefangenen im offenen Vollzug liegt dieser Anteil allerdings schon bei mindestens 50 %.

3.2 Entstehung von Persönlichkeitsstörungen

Die Entwicklung von PS **beginnt bereits in der Kindheit oder Jugend**. Als Ursachen der Entstehung wird ein komplexes Wechselspiel verschiedener begünstigender (biologischer und genetischer, psychologischer und sozialer/

umgebungsbedingter) Faktoren angenommen. Als entscheidend werden auch prägende Erfahrungen während der Kindheit angesehen, wie z. B. die Eltern-Kind-Beziehung (z. B. Erziehung, Bindung zu den Eltern) oder extrem belastende oder traumatische Erfahrungen (z. B. physischer oder sexueller Missbrauch oder emotionale Vernachlässigung). Aversive Kindheitserfahrungen alleine machen jedoch noch nicht die Entwicklung einer PS aus; viel wichtiger ist, wie diese Erfahrungen individuell erlebt werden. Zudem kann auch die weitere soziale Umwelt, z. B. durch mangelnde soziale Integration, eine PS begünstigen.

3.3 Klassifikation von Persönlichkeitsstörungen

Während andere psychische Störungen eher ein *qualitativ* von der Norm abweichendes Erleben und Verhalten darstellen (= Art der Störung entscheidend, z. B. grundlegende Veränderung der Stimmung bei Depressiven oder der Realitätswahrnehmung bei der Schizophrenie), werden PS zunehmend als eine **extreme Ausprägung** einzelner, im Grunde „normaler" Persönlichkeitszüge interpretiert (Persönlichkeitsstile reichen von „normal" über „akzentuiert" bis hin zu „gestört"). Bei dieser *dimensionalen Betrachtungsweise* werden PS also eher als eine *quantitative* Abweichung von der Erlebens- und Verhaltensnorm verstanden (= Ausmaß der Störung entscheidend). Dennoch erfassen die gängigen Klassifikationssysteme PS weiterhin vorrangig *kategorial* (PS liegt vor oder liegt nicht vor). Dabei werden PS anhand bestimmter Merkmalskonstellationen in Kategorien (ICD-10: F6 Persönlichkeits- und Verhaltensstörungen) oder Cluster (DSM-5: Cluster A „sonderbar, exzentrisch", B „dramatisch, emotional, launisch" und C „ängstlich, furchtsam") ähnlich wie Prototypen eingeteilt. Nach dem Auftreten einer gewissen Anzahl von Merkmalen eines Prototyps wird eine spezifische PS diagnostiziert. Ein Problem dieser kategorialen Erfassung ist, dass sich viele PS in ihren Merkmalen überschneiden. Bei gleichem Störungsbild kann dies schnell zu verschiedenen Diagnosen führen (z. B. meiden Menschen mit paranoider und schizoider PS beide soziale Kontakte, jedoch aus unterschiedlichen Motiven).

Tabelle 2: Die wichtigsten Persönlichkeitsstörungen im Überblick

Persönlichkeitsstörung	Beschreibung
Paranoide PS	• Misstrauen und Argwohn gegenüber anderen • Unterstellung feindlicher Motive anderer • Streitsüchtiges Bestehen auf eigene Rechte
Schizoide PS	• Distanziertheit in sozialen Beziehungen • Begrenztes Vermögen, Gefühle zu zeigen • Übermäßige Vorliebe für Einzelgängertum
Schizotypische PS (nur im DSM-5)	• Mangel an engen Beziehungen • Seltsame Überzeugungen und Wahrnehmungen • Eigentümliches, oft schrulliges Verhalten
Dissoziale PS (ICD-10)/ Antisoziale PS (DSM-5)	• Missachtung sozialer Normen, verantwortungslos • Niedrige Schwelle für aggressives Verhalten • Unfähigkeit zum Erleben von Schuldbewusstsein
Emotional-instabile PS (ICD-10)/ Borderline-PS (DSM-5)	• Instabilität in Beziehungen, Selbstbild und Affekten • Impulsivität, selbstschädigendes Verhalten
Histrionische PS	• Dramatisierung, theatralisches Verhalten • Übertriebener Ausdruck von Gefühlen • Verlangen nach Aufregung und Aufmerksamkeit
Zwanghafte PS	• Starke Beschäftigung mit Ordnung, Regeln, Details, Perfektion und Kontrolle • Übermäßige Gewissenhaftigkeit und Vorsicht
Ängstliche PS (ICD-10)/ Vermeidend-selbstunsichere PS (DSM-5)	• Soziale Gehemmtheit, Angst vor Ablehnung • Insuffizienzgefühle • Übermäßige Besorgtheit
Abhängige PS (ICD-10)/ Dependente PS (DSM-5)	• Starkes Bedürfnis versorgt zu werden • Unterwürfigkeit, Trennungsängste • Angewiesenheit auf andere bei Entscheidungen
Narzisstische PS (in der ICD-10 unter sonstige spezifische PS)	• Gefühl der Großartigkeit; Selbstüberschätzung • Bedürfnis nach Bewunderung; Arroganz; Neid • Mangel an Empathie, Ausnutzen v. Beziehungen

In den folgenden Abschnitten (3.4 bis 3.8) werden ausgewählte, besonders polizeirelevante Persönlichkeitsstörungen vertiefend vorgestellt.

🕮 Comer (2008): *Klinische Psychologie:*

Kapitel 16 „Persönlichkeitsstörungen“ (S. 416–418; 442–443)

🕮 Fiedler & Herpertz (2016): *Persönlichkeitsstörungen:*

Kapitel 1.1.2 „Persönliche Stile“ (S. 24–25)

Kapitel 2 „Persönlichkeit und Persönlichkeitsstörung: 2 Seiten einer Medaille“ (S. 34–38)

🕮 Herpertz & Saß (2003): *Persönlichkeitsstörungen:*

Kapitel 2.5 „Klinische Diagnostik der Persönlichkeitsstörungen“ (S. 8)

📖 Schmeck & Schlüter-Müller (2009): *Persönlichkeitsstörungen im Jugendalter:* Kapitel 6.7 „Forensische Bedeutung von Persönlichkeitsstörungen" (S. 103)

📖 Wittchen & Hoyer (2011): *Klinische Psychologie & Psychotherapie:* Kapitel 51 „Persönlichkeitsstörungen (S. 1105–1109)

Übungsaufgaben

3.1 Was sind die wichtigsten Unterschiede von Persönlichkeitsstörungen zu anderen psychischen Störungen?

3.2. In welchen Situationen und warum können Persönlichkeitsstörungen für die Polizei relevant sein?

3.4 Borderline-Persönlichkeitsstörung

3.4.1 Was ist die Borderline-Persönlichkeitsstörung?

Die Borderline-PS oder auch emotional instabile PS zeichnet sich durch ein starkes Gefühl der innerlichen Zerrissenheit und des Chaos aus. Betroffene erleben dabei immer wieder starke Stimmungsschwankungen und schwere Depressions-, Angst- und Erregungszustände, die Stunden bis Tage anhalten können. Grund dafür sind ein **instabiles Selbstbild** und Selbstentwertung. Die Betroffenen neigen zudem zu Krisen und **Impulsivität**. Dies äußert sich z.B. in heftigen Wutanfällen, riskantem Sexualverhalten, Fressanfällen oder Substanzmissbrauch. Dieses und noch extremeres autoaggressives Verhalten, wie z.B. Suizidhandlungen und -drohungen oder selbstverletzendes Verhalten (*„Ritzen"*), sind typisch für Menschen mit Borderline-PS (dies heißt jedoch umgekehrt nicht, dass bei selbstverletzendem Verhalten immer eine Borderline-PS vorliegt). Gelegentlich nutzen sie dieses autoaggressive Verhalten auch, um ihre Partner zu manipulieren und z.B. an einer Trennung zu hindern. In der Regel ist das selbstverletzende Verhalten aber vielmehr ein verzweifelter Versuch der Bekämpfung ihres tiefen Gefühls der inneren Leere („sich selbst wieder spüren") sowie der immer wieder plötzlich einschießenden, starken innerlichen Anspannung. Letztere wird von den Betroffenen als äußerst unangenehm erlebt, kann aber keiner klaren Emotion zugeordnet werden. Das „Ritzen" erfüllt dann die Funktion der vorübergehenden Selbstberuhigung. In den Situationen, in denen sich Personen mit einer Borderline-Störung selbst verletzen, hat ihr Gehirn zuvor meist so viel Cortisol (Stresshormone) ausgeschüttet, dass das Schmerzempfinden stark herabgesetzt ist.

Des Weiteren ist ihr Denken geprägt von Gegensätzlichkeit („Schwarz-Weiß-Denken"). Dieses Denkmuster setzt sich auch in Bezug auf andere fort, sodass es nach anfänglicher Idealisierung einer Person schnell zu Entwertung kommen kann. Denn Menschen mit Borderline-PS reagieren übermäßig stark und unangemessen auf Reize, die für andere kaum wahrnehmbar sind, sodass im Nachhinein der anderen Person böswillige Motive unterstellt werden und ihre Verhaltensweisen neu bewertet werden. Dies führt insgesamt zu **instabilen** und konflikthaften, aber sehr intensiven **Beziehungen**. Denn ihre Beziehungen sind geprägt von ihrem instabilen Selbstbild sowie der Angst, andere zu enttäuschen und verlassen zu werden, sodass sie viel Aufmerksamkeit und Bestätigung von ihrem Partner fordern. Insgesamt handelt es sich bei den Betroffenen meist um liebevolle und hochsensible Menschen, die in der Regel extrem sozial sind, aber große Schwierigkeiten im Umgang mit sich selbst, ihren intensiven Gefühlen und Anderen haben.

Typisch für die Borderline-PS sind auch vorrübergehende, aber schwere Depersonalisationssymptome *(„dissoziative Symptome")*. Diese werden meist durch Belastungen oder hohe innerliche Erregung ausgelöst und äußern sich in gestörten Realitäts- und Körperempfindungen. Dabei kommt es z. B. zu einem verzerrten Raum-Zeit-Gefühl, Entfremdungsgefühlen oder einem sonstig veränderten Körpergefühl (z. B. vermindertes Schmerzempfinden, Bewegungslosigkeit, Neben-Sich-Stehen). Oft werden traumatische Ereignisse aus der Vergangenheit auch so szenisch wiedererlebt, als würden sie gerade im gegenwärtigen Moment geschehen (Pseudohalluzinationen).

3.4.2 Entstehung von Borderline-Persönlichkeitsstörungen

Bei der Entstehung der Borderline-PS kommt der Eltern-Kind-Beziehung eine besondere Bedeutung zu. Traumatische Erfahrungen (z. B. Vernachlässigung und Missbrauch), ein zurückweisendes Familienklima mit mangelnder Akzeptanz oder der Trivialisierung von Gefühlen sowie Verlusterfahrungen (z. B. durch Scheidung oder Todesfälle) werden als Ursache für das verminderte Selbstwertgefühl, die gesteigerte Abhängigkeit und das Unvermögen, Trennungen zu bewältigen, gesehen. Aber auch biologische Auffälligkeiten werden zur Erklärung der PS genutzt (z. B. genetische Disposition für impulsive Aggressivität, niedrige Serotoninaktivität und unzureichende kortikale Kontrolle im Gehirn). Bei stark belastenden Lebensereignissen spielen diese jedoch nur eine untergeordnete Rolle.

3.4.3 Polizei & Borderline-Persönlichkeitsstörungen

Es sind schätzungsweise 1,5 bis 2,5 % der Erwachsenen von der Borderline-PS betroffen, etwa 75 % der Diagnostizierten sind Frauen. Bei Männern geht die Störung aber mit mehr aggressiven bzw. antisozialen Verhaltensweisen einher.

Etwa 70 % aller Betroffenen begehen einen *Suizidversuch*, zwischen 6 und 10 % sind dabei erfolgreich. Damit ist die Suizidrate fast 50-mal so hoch wie in der Allgemeinbevölkerung, sodass Polizeibeamte oft wegen Suizidversuchen oder auch anderem *autoaggressiven Verhalten* (z. B. Selbstverletzungen, exzessiver Alkohol- oder Drogenkonsum) von Menschen mit Borderline-PS alarmiert werden. In diesen Fällen sind die Betroffenen ggf. in Zusammenarbeit mit medizinischem Personal in eine psychiatrische Einrichtung zu überführen. Auch ist unbedingt abzuklären, ob die zugefügten Selbstverletzungen unmittelbar medizinisch behandelt werden müssen, da es sich aufgrund des reduzierten Schmerzempfindens auch um schwerere Verletzungen (z. B. tiefe Schnitte) handeln kann.

Aufgrund der für die Borderline-Störung charakteristischen eingeschränkten Fähigkeit der Emotionsregulation können sich aggressive Verhaltensweisen bei Personen mit dieser Störung aber auch gegen andere Personen richten, sodass z. B. bei *Wutausbrüchen* gegen den Partner ebenfalls die Polizei hinzugezogen wird. Zum Teil werden eintreffende Polizeibeamte die Betroffenen im Zustand hochgradiger Erregung und Anspannung antreffen. Vor allem in solchen akuten Phasen kann sich die Aggression auch gegen die Polizeibeamten selbst richten (z. B. in Form von Beschimpfungen, aber auch Angriffen), so dass physische Distanz wichtig ist. Der Grund des Erscheinens der Polizei sollte den Betroffenen ruhig und sachlich erläutert und nachfolgend versucht werden, die Ursache für die hohe Erregung bzw. die Eskalation der Situation, die der Auslöser für den Polizeieinsatz waren, aus Sicht der betroffenen Person zu erfahren. Eventuell beruhigt sich die Person im Zuge dessen etwas, wenn sie merkt, dass sie ernst genommen und ihr zugehört wird. Es ist aber auch möglich, dass Gesprächsangebote in solchen Situationen zunächst abgeblockt werden. Polizeibeamte sollten zwar klare professionelle Grenzen ziehen, aber dennoch versuchen, ein *strukturiertes und wertschätzendes Gespräch* einzuleiten sowie Maßnahmen oder Wechsel der Ansprechpartner sensibel erläutern, um den Betroffenen nicht das Gefühl einer Zurückweisung zu geben und sie zu stabilisieren. Etwaige Wutausbrüche oder impulsive Reaktionen der Betroffenen sollten nicht kommentiert oder bewertet und etwaige Provokationen (wenn möglich) ignoriert werden.

Hinweise auf das Vorliegen von Emotionsregulationsproblemen im Zusammenhang mit einer Borderline-Störung können sich für eintreffende Beamte z. B. aufgrund von vielen Narben/Schnitten am Unterarm (als Hinweis aufs Ritzen) oder anderen optisch sichtbaren Anhaltspunkten für selbstverletzendes Verhalten, durch die Angaben anderer anwesender Personen (z. B. Angehörige oder Partner), die über wiederkehrende massive Wutausbrüche, Impulsivität oder extreme emotionale Reaktionen und Schwankungen in Paarbeziehungen berichten, sowie frühere Einsätze aufgrund ähnlicher Anlässe ergeben. Hier ist auch zu beachten, dass auch wenn sich die Situation in Anwesenheit der Polizei zunächst beruhigt, diese nach deren Abzug schnell wieder eskalieren und zunächst fremdaggressives in selbstgefährdendes Verhalten umschlagen kann. Dies ist unbedingt mit abzuwägen und ggf. durch eine psychologische oder psychiatrische Gefährdungseinschätzung abklären zu lassen. Auch sollten sich Polizeibeamte darauf einstellen, dass aufgrund der früh erlernten und tief in der Persönlichkeit verankerten unflexiblen Verhaltensmuster, die dazu führen, dass Menschen mit einer Borderline-Persönlichkeitsstörung (oder auch einer anderen Persönlichkeitsstörung) immer ähnlich (destruktiv) in konflikthaften Situationen reagieren, immer wieder ähnlich gelagerte Polizeieinsätze bei der gleichen Person notwendig werden. Diese können mitunter sehr anstrengend sein und auch auf Seiten der Helfer Gefühle von Wut oder Hilflosigkeit hervorrufen. Dennoch sollte versucht werden, den Betroffenen immer wieder erneut mit Respekt zu begegnen und sie und ihre Nöte ernst zu nehmen.

Fallbeispiel

Eine 28-jährige Patientin suchte die stationäre Behandlung wegen einer Vielfalt selbstschädigender Verhaltensweisen auf. Bereits seit dem 14. Lebensjahr fügte sie sich selbst Schnitt- und Brandverletzungen zu, im Weiteren geriet sie immer wieder in Alkoholexzesse, in denen sie sich bis zur Besinnungslosigkeit betrank. Sie berichtete über plötzliche Stimmungsschwankungen, die wie „Wechselduschen" zwischen Verzweiflung und aufgedrehter Getriebenheit waren. Mehrfach war sie im Rahmen unklarer Zustände von Bewusstlosigkeit als Notfall in eine Neurologische Klinik gebracht worden. Wegen Stimmen, die sie zum Suizid aufforderten, erhielt sie seit Jahren hohe Dosen an Neuroleptika und Benzodiazepinen; sie hörte jeweils dieselbe männliche Stimme, die sie an den Großvater erinnerte, der sie als Kind sexuell missbraucht hatte. Auf genauere Nachfrage gab die Patientin an, dass sie wisse, dass es sich nicht wirklich um eine Stimme handle, sondern sich alte Erinnerungen ganz lebhaft aufdrängten. Mit dem Ehemann kam es zu heftigen Auseinandersetzungen und zwischenzeitlichen Trennungen. Ausbildungen zur Krankenschwester und Erzieherin hatte sie abgebrochen, nachdem zunächst vielversprechende Kontakte zu Kolleginnen und Vorgesetzten im Streit geendet hatten.

Aus Herpertz & Saß (2003), S. 88

📖 Biedermann (2020): *„Messer weg" – Polizeilicher Umgang mit psychisch erkrankten Personen im Spannungsfeld zwischen Kommunikation und Zwangsanwendung* (S. 19)

📖 Comer (2008): *Klinische Psychologie:*
Kapitel 16 „Persönlichkeitsstörungen" (S. 429–432)

📖 Herpertz & Saß (2003): *Persönlichkeitsstörungen:*
Kapitel 4.4 „Emotional instabile Persönlichkeitsstörung" (S. 84–88)

📖 Horn (2016): *Persönlichkeitsstörungen* (S. 61)

Übungsaufgaben

3.4.1 Wie äußert sich die Borderline-PS bei der Patientin im Fallbeispiel, d. h., welche typischen Symptome zeigt sie?

3.4.2 Welche Funktion könnte das sogenannte „Ritzen" für Borderline-Kranke haben?

3.4.3 Wie erklären Sie den Umstand, dass die Borderline-PS häufig zusammen mit Essstörungen oder Alkohol- und Drogenmissbrauch sowie affektiven Störungen, insbesondere Depressionen, und posttraumatischen Belastungsstörungen (PTBS) auftritt?

3.4.4 Unter inhaftierten Tätern ist die Borderline-Störung nach der dissozialen Persönlichkeitsstörung am häufigsten vertreten. Warum? Was könnte dies begünstigen?

3.4.5 Menschen mit einer Borderline-PS werden nicht nur oft Täter von Straftaten, sondern haben auch ein erhöhtes Risiko selbst Opfer von Straftaten, insbesondere Sexual- und Gewaltdelikten, zu werden. Warum?

3.4.6 In welchen Situationen treffen Polizeibeamte besonders auf Borderline-Betroffene? Wie sollten sie dann mit den Betroffenen umgehen bzw. worauf müssen sie im Umgang mit Betroffenen achten?

3.5 Narzisstische Persönlichkeitsstörung

3.5.1 Was ist die narzisstische Persönlichkeitsstörung?

Narzissten besitzen wie Menschen mit einer Borderline-PS ein **instabiles, mangelndes Selbstwertgefühl**. Dies versuchen sie *durch Bewunderung und Anerkennung von außen zu kompensieren*, indem sie sich übertrieben selbstbewusst geben oder in Bezug auf ihre eigenen Leistungen und Fähigkeiten lügen und diese besser darstellen als sie sind (z. B. Leistungsvermeidung am Arbeitsplatz, Abbrechen der Ausbildung). Des Weiteren schwelgen sie zur eigenen Kompensation in Fantasien von Macht und Erfolg, die aber auch in depressiven Krisen bis hin zur Suizidalität enden können, wenn die eigenen Leistungen oder die soziale Anerkennung diesen Fantasien nicht gerecht wird. Narzisstische Persönlichkeiten fallen durch eine attraktive Selbstdarstellung bzw. -bewunderung und Eitelkeit bis hin zur Arroganz auf (z. B. gut gekleidet, gewählte Sprache). Auf den ersten Blick erscheinen sie oft charmant, intelligent und beliebt. Dabei handelt es sich jedoch nur um eine bewusste Manipulation, um dem Gegenüber zu gefallen. Dennoch liegt ihnen viel daran, im Recht zu sein und ihren Willen durchzusetzen; auf Kritik reagieren sie dagegen überaus empfindlich.

In engeren zwischenmenschlichen Beziehungen sind Narzissten den Gefühlen und Bedürfnissen des Partners gegenüber empathie- und *rücksichtslos* sowie ausbeuterisch, ohne dabei Anzeichen eines schlechten Gewissens zu zeigen. Die Beziehungen dienen nur der Stabilisierung des eigenen Selbstwerts. Narzissten können keine echte zwischenmenschliche Nähe aufbauen, sodass ihre wenigen Beziehungen meist nur kurzfristiger und oberflächlicher Natur sind. Da Narzissten von ihrer eigenen Grandiosität, Wichtigkeit und Einzigartigkeit überzeugt sind, erwarten sie von anderen Neid oder Anerkennung und fühlen sich schnell unverstanden (erwarten z. B. bevorzugte Behandlung). Wenn jemand ihre übertriebenen Ansprüche jedoch nicht erfüllen kann oder sie kränkt, reagieren sie ähnlich wie Borderline-Erkrankte mit unverhältnismäßiger Wut, Ärger und Zurückweisung (**Narzisstische Wut**). Wenn jemand anders durch gute Leistungen auffällt, zeigen sich Narzissten übermäßig neidisch und werten die andere Person ab bis hin zu deren Verunglimpfung.

Die narzisstische Persönlichkeitsstörung tritt oft in Kombination mit anderen Persönlichkeitsstörungen, insbesondere der Borderline-PS, auf.

3.5.2 Entstehung von narzisstischen Persönlichkeitsstörungen

Wie auch bei der Borderline-PS entwickelt sich das verminderte Selbstwertgefühl der Narzissten während der Kindheit aus einer ungünstigen Eltern-Kind-Beziehung heraus. Die Eltern reagieren auf Leistungen und Kompetenzen des Kindes kalt und abweisend und versuchen stattdessen nur eigene elterliche Bedürfnisse zu befriedigen (z. B. Erfolge des Kindes werden durch elterliche Erfolge in den Schatten gestellt; das Kind wird nicht um seiner selbst willen geliebt, sondern dient der Erhöhung des

Selbstwerts der Eltern). Der Selbstwert des Kindes dient dabei nur der Förderung des eigenen elterlichen Selbstwerts. Diese Art der Vernachlässigung hat zur Folge, dass sich das Kind zurückgewiesen und wertlos fühlt.

Andere Theorien gehen davon aus, dass eine zu positive statt negativer Behandlung der Eltern durch Idealisierung des Kindes zu einem verzerrten Selbstbild führt und die Überhöhung des Selbstwerts später nicht aufrechterhalten werden kann. In beiden Fällen sind die Erwachsenen aufgrund des entwickelten instabilen Selbstwerts später zur Kompensation auf die Bewunderung durch andere angewiesen und streben nach Anerkennung von außen. Wird die erwartete Verehrung enttäuscht oder abgelehnt, sind Narzissten extrem leicht zu kränken und reagieren schnell wütend und aggressiv.

3.5.3 Polizei & narzisstische Persönlichkeitsstörungen

Ungefähr 1 % der allgemeinen Bevölkerung leidet an einer narzisstischen PS, darunter sind vor allem Männer. Narzisstische Persönlichkeitszüge wiederum sind deutlich häufiger anzutreffen. Um ihr Bedürfnis nach Macht und Anerkennung zu befriedigen, nutzen diese Personen unter Umständen auch kriminelle Handlungen (z. B. narzisstische Anführertypen in der organisierten Kriminalität). Dies ist insbesondere gefährlich, da sich die narzisstische PS auch durch einen Mangel an Empathie und Rücksicht auszeichnet.

Ein weiteres Gefährdungspotenzial von Betroffenen liegt in ihrer narzisstischen Wut. Bei *Kränkungen*, die sie als bedrohlich für ihren instabilen Selbstwert erleben und daher abwehren wollen (z. B. Trennungen des Partners), reagieren sie mit Gefühlen der Vergeltung und übermäßiger Aggression. Eine andere mögliche Reaktion der Narzissten auf Kränkungen, vor allem durch Leistungsversagen, sind Suizid(-versuche). Neben der Borderline-PS weist die narzisstische PS mit ca. 8 % die höchste Suizidrate unter den PS auf. Kränkungen im Umgang mit narzisstischen Persönlichkeiten sollten aus diesen Gründen unbedingt vermieden werden.

Fallbeispiel

Ein 38-jähriger Werbefachmann kommt exzellent gekleidet und mit bemerkenswerter Eloquenz und intellektuellem Auftreten in die psychiatrisch-psychotherapeutische Behandlung. Seit Wochen ziehe er sich zurück, wechsle mit Lebensgefährtin und gemeinsamem Kind nur noch die notwendigsten Worte und suche den Arbeitsplatz nicht mehr auf. In den letzten Tagen habe er sich damit beschäftigt, sich das Leben zu nehmen, weshalb seine Partnerin ihn inständig gebeten habe, sich ärztliche Hilfe zu holen. Bis vor einem Jahr sei er ein sehr erfolgreicher Unternehmer gewesen, der zusammen mit einem Freund eine Werbeagentur gegründet hatte. Nach einem Studium, das ihn sehr gelangweilt habe und das er schließlich nach 18 Semestern abgebrochen habe, sei die Firma in der Werbebranche schnell sehr bekannt und er der bewunderte Senkrechtstarter gewesen. Er sei sehr kreativ, habe viele neue Projekte begonnen, aber mit längerer Laufzeit der Firma sei auch immer mehr zu Tage getreten, dass er zwar herausragende Projekte initiiere, sie aber nicht im Detail plane und schon gar nicht mit der notwendigen Ausdauer realisiere. Viel lieber als im Büro habe er sich auf Messen und Meetings aufgehalten, wo er genossen habe, Objekt der Bewunderung und des Neides zu sein. Er habe seine Leistungsmängel lange zu verdecken vermocht und habe sich auch in Betrügereien verzettelt, um wachsende finanzielle Schwierigkeiten auszugleichen. Vor einem halben Jahr sei nun sein beruflicher Erfolg wie ein Kartenhaus zusammengebrochen und er stehe als Versager und Verlierer dar. Keinem könne er mehr unter die Augen treten. Mit dem Tod verbinde er Ruhe, Erlösung und Geborgenheit.

Aus Herpertz & Saß (2003), S. 142

🕮 Comer (2008): *Klinische Psychologie:*
Kapitel 16 „Persönlichkeitsstörungen" (S. 435–436)

🕮 Davison, Neale & Hautzinger (2007): *Klinische Psychologie:*
Kapitel 13.3.3 „Narzisstische Persönlichkeitsstörung" (S.473–474)

🕮 Herpertz & Saß (2003): *Persönlichkeitsstörungen:*
Kapitel 4.10 „Narzisstische Persönlichkeitsstörung" (S. 140–142)

Übungsaufgaben

3.5.1 Wie äußert sich die narzisstische PS beim Werbefachmann im Fallbeispiel? Welche typischen Symptome zeigt er? Welche weiteren Symptome, die im Fallbeispiel nicht dargestellt sind, könnten noch auftreten?

3.5.2 Wieso geht von Narzissten ein erhöhtes Gefährdungspotenzial für Straftaten, insbesondere für Gewaltdelikte, aus?

3.5.3 Inwiefern könnte eine narzisstische Persönlichkeitsstruktur das Stalken eines Ex-Partners nach einer Trennung begünstigen?

3.5.4. Studien weisen darauf hin, dass narzisstisches Verhalten in der westlichen Gesellschaft in den letzten 20 Jahren zugenommen hat. Welche Erklärungen/Ursachen fallen Ihnen dafür ein?

3.5.5 Womit könnte erklärt werden, dass die narzisstische PS überwiegend bei Männern und deutlich seltener bei Frauen auftritt?

3.5.6 Woran könnten Sie in einer Vernehmung bemerken, dass die vernommene Person evtl. eine narzisstische Persönlichkeitsstörung aufweist?

3.6 Dissoziale Persönlichkeitsstörung

3.6.1 Was ist die dissoziale Persönlichkeitsstörung?

Menschen mit einer dissozialen oder auch antisozialen PS zeigen vor allem **verantwortungslose, normverletzende Verhaltensweisen** (z. B. Straftaten wie Betrug oder Überfälle begehen, Lügen, Anhäufen von Schulden, nur zeitweiliges Arbeiten). Antisoziales bzw. delinquentes Verhalten allein ist zur Diagnosestellung jedoch nicht ausreichend, denn das Verhalten kann z. B. auch ausschließlich im Rahmen einer Substanzabhängigkeit oder Schizophrenie auftauchen (gleichzeitige Diagnosen dennoch möglich). Vielmehr sind die Motive des Verhaltens für die Diagnosestellung entscheidend. Denn bei einer dissozialen PS erscheinen den Betroffenen Regeln, Pflichten und Gesetze willkürlich (Gesetze schützen z. B. nur die Habenden vor den Habenichtsen) und sie sehen sich daher berechtigt, diese zu verletzen.

Bei ihren Handlungen sind sie meist nur auf ihren eigenen Vorteil bedacht und begeben sich oder andere leichtsinnig in Gefahr. Denn wie auch Narzissten sind sie ihren Mitmenschen gegenüber kalt und rücksichtslos, sodass sie zwar schnell Beziehungen eingehen, aber kaum längerfristig unterhalten können. Sie selbst sehen sich als starke, autonome Einzelgänger. Wenn sie anderen schaden, **mangelt** es ihnen an **Empathie**, Reue- und Schuldgefühlen ebenso wie an der Fähigkeit aus Erfahrung, insbesondere Bestrafung, zu lernen. Stattdessen beschuldigen sie andere für ihre Fehler (z. B. Opfer seien schwach und daher selbst schuld, wenn sie ausgenutzt werden) oder suchen nach Erklärungen und Rechtfertigungen für ihre Verhalten (z. B. man selbst werde sonst von der Gesellschaft nur ausgenutzt, d. h. „Fressen oder gefressen werden"). Dabei sind dissoziale Persönlichkeiten stets leicht zu frustrieren bzw. reizen und neigen immer wieder zu Impulsivität, Aggression und Gewalt (z. B. oft in Schlägereien verwickelt). Dies liegt vor allem daran, dass ihre Urteilsprozesse stark abgekürzt und gegenwartsorientiert sind und ihnen alternative Lösungsstrategien fehlen.

3.6.2 Entstehung von dissozialen Persönlichkeitsstörungen

Kinder und Jugendliche, bei denen vor dem 16. Lebensjahr eine **Störung des Sozialverhaltens** oder eine Aufmerksamkeits- und Hyperaktivitätsstörung diagnostiziert wurde, haben ein erhöhtes Risiko im Erwachsenenalter eine dissoziale PS zu entwickeln. Da einige der Symptome beider Störungen in der Kindheit und Jugend ähnlich zu denen einer dissozialen PS sind

(z. B. Störung des Sozialverhaltens: Verletzung von Regeln und Rechten anderer, Aufmerksamkeits- und Hyperaktivitätsstörung: Impulsivität und Unvermögen, aus Erfahrung zu lernen), liegen die Verhaltensmuster also oft schon seit der Kindheit vor. Nach dem DSM-5 stützt die Diagnose einer Störung des Sozialverhaltens daher auch die Diagnose einer dissozialen PS, ist jedoch keine notwenige Bedingung dafür.

Ebenso haben Kinder, deren Eltern an einer dissozialen PS erkrankt sind, ein höheres Risiko, selbst zu erkranken. Neben diesen Hinweisen auf eine genetische Veranlagung gibt es eine Reihe weiterer biologischer Faktoren, die mit der Entstehung verbunden sein können: Impulsivität und Aggression wird mit einem hohen Testosteronspiegel und niedrigen Serotoninspiegel sowie einem Funktionsdefizit der frontalen Gehirnareale verbunden. Das ständige Bedürfnis, Risiken einzugehen („*Sensation Seeking*"), kann als Versuch der Aktivitätssteigerung des vegetativen und zentralen Nervensystems aufgrund einer chronischen Untererregung verstanden werden. Diese chronische Untererregung hängt auch damit zusammen, dass Betroffene weniger Angst empfinden und daher schlechter aus Erfahrung lernen (Angst vor Bestrafung oder anderen negativen Konsequenzen fehlt).

Auch eine ungünstige familiäre Sozialisation scheint eine wichtige Rolle zu spielen und schließlich eine Expression der biologischen Vulnerabilität zu begünstigen. Insbesondere da oftmals die Eltern ebenfalls an dissozialen PS leiden, scheint das Modelllernen hier besonders relevant, d. h. die Kinder haben keine angemessenen sozialen Reaktionen und konstruktiven Konfliktlösungen erlernt. Vielmehr werden Bedürfnisse anderer trivialisiert und aggressive Verhaltensweisen verstärkt. So erlebten viele Betroffene in ihrer Kindheit auch starke Belastungen wie häusliche Gewalt, elterliche Konflikte und Scheidung oder Armut. Des Weiteren wird angenommen, dass die Kinder einen Mangel an elterlicher Liebe erfahren haben und deshalb kein Urvertrauen aufbauen konnten, das eine wichtige Voraussetzung für die positive Gestaltung von tragfähigen Beziehungen darstellt. So können sie Beziehungen nur noch mit Destruktivität und Macht eingehen.

3.6.3 Polizei & dissoziale Persönlichkeitsstörungen

Die dissoziale PS tritt ungefähr bei 3,5 % der Erwachsenen auf und dabei etwa 4-mal so häufig bei Männern. Viele der Betroffenen kommen regelmäßig mit dem Gesetz in Konflikt und werden im Laufe ihres Lebens verhaftet, insbesondere wegen Gewalttätigkeit. Insofern verwundert es nicht, dass dies unter inhaftierten Straftätern die häufigste Persönlichkeitsstörung ist (gefolgt von der emotional-instabilen bzw. Borderline-Persönlichkeitsstörung[11]). Die Kriminalität nimmt bei den meisten Betroffenen nach ihrem 40. Lebensjahr jedoch ab. Häufig steht die Störung in Zusammenhang mit Alkoholismus oder anderen Substanzabhängigkeiten. Dies ist aus polizeipsychologischer Sicht insofern besonders relevant, da Alkohol und ähnliche Substanzen die ohnehin schon niedrige Hemmschwelle für Straftaten noch weiter senken (z.B. alkoholisiertes Fahren, Sachbeschädigung, Schlägereien).

Neben diesem nach außen hin (aufgrund vielfältiger und wiederholter Delikte und Normverletzungen) leichter erkennbaren Typus gibt es auch einen subtileren Typus, der andere mittels gerissener Manipulation betrügt und ausbeutet („Täuschungskünstler"). Dieser Typus vermag es, strafbare Handlungen zu vermeiden und z.B. als Geschäftsmann erfolgreich zu sein.

Fallbeispiel

Der jetzt 23-jährige Herr S. wurde wegen einer Brandstiftungsserie im alkoholisierten Zustand, Diebstählen, einer Körperverletzung im alkoholisierten Zustand und einer sexuellen Nötigung in den Maßregelvollzug eingewiesen. Bei seiner Aufnahme gibt er an, dass er keine Ahnung habe, was er in der Klinik solle. Das Gericht habe ihm da etwas untergeschoben. Im Stationsalltag ist Herr S. zurückgezogen und dadurch weitestgehend unauffällig. In der Gruppe der Mitpatienten hat er eine Außenseiterposition. Auffallend sind massive Verstimmungszustände, die unvorhersehbar durch geringfügige Frustrationen ausgelöst werden. In diesen Phasen zieht er sich gänzlich zurück, fordert seine Verlegung in die JVA und beschäftigt die Klinikmitarbeiter durch die Bearbeitung seiner umfänglichen schriftlichen Beschwerden. Auf Station fällt in diesen Zeiten auf, dass die Fernsehprogramme immer wieder zum Ärgernis der Mitpatienten verstellt sind. Weiterhin steht Herr S. im Verdacht, für die kleineren Diebstähle auf Station verantwortlich zu sein. Sämtliche Gespräche mit ihm drehen sich im Kreise. Er weiß auch nicht, was die anderen immer gegen ihn haben. Herr S. wird in ein Rehabilitationsprogramm überwiesen, an dem er nach anfänglicher Skepsis engagiert teilnimmt. [...] Dabei spricht er an, dass er in der Regel sein monatliches Taschengeld unmittelbar nach Erhalt ausgegeben hat und sich dann an den Kaffee- und Zigarettenvorräten der Mitpatienten bediene. Die Mitpatienten würden das schon mitkriegen. Es sei klar, dass sie sauer auf ihn seien. Mit der Zeit lernt er, unterschiedliche Problemlösungen unter Berücksichtigung ihrer Folgen abzuwägen, und bedenkt dabei, welche Auswirkungen sein Verhalten auf die anderen hat. Die Grundstimmung wird stabiler.

Aus Herpertz & Saß (2003), S. 80f.

🕮 Comer (2008): *Klinische Psychologie:*
Kapitel 16 „Persönlichkeitsstörungen" (S. 425–428)

🕮 Herpertz & Saß (2003): *Persönlichkeitsstörungen:*
Kapitel 4.3 „Dissoziale Persönlichkeitsstörung" (S. 71–76)

11 Z.B. Ullrich (1999).

Übungsaufgaben

3.6.1 Welche typischen Symptome der dissozialen PS zeigt Herr S. im Fallbeispiel? Wie sind seine delinquenten Vorfälle aus polizeipsychologischer Sicht zu bewerten?

3.6.2 Wie bzw. mit welchen Risikofaktoren kann man die Entstehung einer dissozialen PS erklären? Welches psychologische Modell erscheint Ihnen dazu angemessen?

3.6.3 Wo bestehen polizeiliche Berührungspunkte mit dissozialen Persönlichkeiten?

3.6.4 Können Personen mit dissozialer Persönlichkeitsstörung ihr Verhalten ändern? Was könnte dies erschweren?

3.7 Psychopathie

3.7.1 Was ist Psychopathie?

Psychopathie wird oft gleichbedeutend mit der dissozialen PS verwendet und obwohl die Diagnosen Überschneidungsbereiche aufweisen, handelt es sich doch um verschiedene Störungen. Psychopathie wird jedoch anders als die dissoziale PS weder im ICD-10 noch im DSM-5 als Diagnose aufgeführt. Das Konzept der Psychopathie geht zurück auf den Kliniker Cleckley (1976) und wird mithilfe der **Psychopathie-Checkliste** (PCL-R) von Hare und Kollegen (1990) diagnostiziert. Die PCL-R beinhaltet 20 Kriterien, die mit 0 = „nicht ausgeprägt“, 1 = „teilweise ausgeprägt“ oder 2 = „voll ausgeprägt“ beurteilt werden. Ab 25 von 40 möglichen Punkten spricht man von einem hohen Psychopathie-Wert. Die Diagnose der Psychopathie kann allerdings erst ab 30 Punkten gestellt werden.

Zentrale Merkmale der Psychopathie sind ein weitgehendes Fehlen von sozialer Verantwortung und Gewissen, die Verarmung negativer und positiver Gefühle sowie ein Mangel an Empathie und Reue.

Betrachtet man die diagnostischen Kriterien, fallen einige Gemeinsamkeiten zur dissozialen PS auf, sodass oft gleichzeitig auch diese Diagnose gestellt werden kann. Jedoch erreichen nur etwa 20 % der Menschen mit einer dissozialen PS hohe Werte auf der PCL-R.

Die bedeutendste Gemeinsamkeit zwischen Psychopathie und dissozialer PS liegt in den Symptomen der **antisozialen Verhaltensweisen** (z. B. pathologisches Lügen, betrügerisch-manipulatives Verhalten, Begehen von Straftaten insbesondere während der Jugend und mit Missachtung anschließender Auflagen des Gerichts). Auch weisen Menschen mit dissozialer PS durchaus auch einige **emotionale Defizite** auf, indem es ihnen ebenfalls an Reue, Empathie und Schuldgefühlen mangelt. Im Unterschied dazu ist für einen Psychopathen jedoch kennzeichnend, dass jegliche Gefühle verarmt und nur von oberflächlicher Natur sind. So sind auch ihre vielen kurzen Beziehungen oftmals nur oberflächlich und ausbeuterisch (z.B. Affären, Polygamie). Weitere Gemeinsamkeiten bestehen im *Sensation Seeking* und **impulsiven, verantwortungslosen Verhalten** (z.B. auf der Arbeit einfach nicht erscheinen).

Darüber hinaus gibt es auch Gemeinsamkeiten zur narzisstischen PS. Denn wie Narzissten verstehen es auch Psychopathen sich darzustellen, um andere zu manipulieren (z.B. Charme, Redegewandtheit). Anders als bei der narzisstischen PS haben Psychopathen aber tatsächlich ein übersteigertes Selbstwertgefühl, ohne dies nur vorzugeben, und es fehlt ihnen an langfristigen Zielen im Leben.

3.7.2 Behandlung von Psychopathie

Ausschließlich sanktionierende Maßnahmen zeigten sich in der Vergangenheit nicht nur als erfolglos, sondern sogar als kontraproduktiv, da sie zu noch höheren Rückfallzahlen der Delinquenz führten. Aus psychotherapeutischer Sicht galt die Störung ebenso lange Zeit als nicht behandelbar. Denn aufgrund der typischen Verhaltens- und Interaktionsmuster (z.B. fehlende Verantwortungsübernahme und Schuldeinsicht, Lügen, Manipulieren) erleben Psychopathen selbst keinen Leidensdruck und somit keine Veränderungsmotivation. Damit läuft die Interaktion mit Psychopathen den Prinzipien der klassischen Psychotherapie und dem Aufbau einer tragfähigen therapeutischen Beziehung zuwider. Heute gibt es jedoch einige spezifisch zugeschnittene Behandlungsmethoden, die die Delinquenz und das Rückfallrisiko zumindest moderat erfolgreich reduzieren können (u.a. streng strukturierte Programme mit Akzeptanz der emotionalen Defizite, Fokus auf Delinquenz und Aufzeigen dessen negativer Konsequenzen für Betroffenen selbst). Dabei gilt: Je früher Psychopathen behandelt werden, desto erfolgversprechender.

3.7.3 Polizei & Psychopathie

Wie die dissoziale PS tritt Psychopathie ebenfalls häufiger bei Männern und oft zusammen mit Alkohol- und Substanzmissbrauch auf. Während 75 bis

80 % der Straftäter als dissozial diagnostiziert werden können, sind aber nur 15 bis 25 % der Straftäter auch psychopathisch. Nicht jeder Psychopath ist also auch dissozial bzw. kriminell. Wenn Psychopathen aber kriminell sind, beginnt die Kriminalität oft schon in der Jugend und das Risiko weiterer krimineller Handlungen ist relativ hoch. Die genaue Diagnose eines Täters ist daher wichtig, um treffsicherere Prognosen zu treffen. Denn hohe PCL-R-Werte indizieren nicht nur ein erhöhtes Kriminalitätsrisiko, sondern leider auch schlechtere Behandlungserfolge der Rückfallprävention.

Die Delinquenz von psychopathischen Straftätern deckt dabei ein breites Spektrum ab. Typisch sind aber vor allem Tötungsdelikte, Körperverletzungen, Eigentumsdelikte oder Betrug, Drogendelikte und Sexualdelikte.

Fallbeispiel

Als der 43-jährige Herr U. nach einer begangenen Vergewaltigung in den psychiatrischen Maßregelvollzug eingewiesen wurde, hatte er bereits 18 Jahre seines Lebens im Gefängnis verbracht. Zur Zeugung des Herrn U. war es im Rahmen einer nur kurz andauernden Zufallsbekanntschaft gekommen. Die bei der Geburt 17-jährige Mutter rauchte und trank während der gesamten Schwangerschaft nicht unerheblich, hatte in dieser Zeit häufig wechselnde Beziehungen zu Männern, von denen sie auch geschlagen wurde. Vorsorgeuntersuchungen während der Schwangerschaft wurden nicht durchgeführt. Die Geburt verlief verzögert. Im Alter von drei Jahren fiel der Junge im Kindergarten durch Erregungszustände und häufiges Schlagen anderer Kinder auf. Im Alter von viereinhalb Jahren erklärten die Kindergärtnerinnen, sie würden mit ihm nicht mehr fertig werden. Eine vom Jugendamt vorgeschlagene Unterbringung bei einer Pflegefamilie lehnte die mit der Erziehung des Jungen völlig überforderte Mutter ab. In der Schule kam es dann zu täglichen Schlägereien im Pausenhof, wobei eine erhebliche Brutalität zutage trat. Ab dem 3. Schuljahr wurde mit zunehmender Häufigkeit die Schule geschwänzt. Der 8-Jährige schloss sich Jugendbanden an, begann zu rauchen und fiel durch vielfache Ladendiebstähle auf und wurde häufig von der Polizei nach Hause gebracht. Mit 11 Jahren war er das erste Mal massiv alkoholisiert, ab dem 12. Lebensjahr konsumierte er wechselnde Drogen. Mit 13 Jahren begann eine eindeutige kriminelle Karriere: Teilnahme an gemeinschaftlicher sexueller Nötigung: Heimunterbringung, dort vielfaches Ausreißen. Mit 14 Jahren: Erstes Erscheinen vor dem Jugendrichter mit Unterbringung in der Kinder- und Jugendpsychiatrie unter den Diagnosen Aufmerksamkeitsdefizit-Hyperaktivitätsstörung mit Störung des Sozialverhaltens. Mit 16 Jahren: 3 Jahre Jugendstrafe nach einer Serie von 31 schweren Einbrüchen und einer Vielzahl von Körperverletzungen. Bis zur Einweisung in den Maßregelvollzug insgesamt sieben Verurteilungen in Eigentums-, Gewalt- und Sexualdelinquenz. Bei Aufnahme in der forensischen Klinik fielen im Persönlichkeitsbild ein erheblich übersteigertes Selbstwertgefühl, ein erhöhtes Stimulationsbedürfnis, betrügerisch-manipulatives Verhalten, ein völliger Mangel an Gewissensbissen oder Schuldbewusstsein auf. Die Gefühle waren oberflächlich; es bestand eine deutliche Gefühlskälte mit völlig fehlender Empathie, eine unzureichende Verhaltenskontrolle, ein hohes Maß an Impulsivität und Verantwortungslosigkeit sowie eine fehlende Bereitschaft und Fähigkeit, Verantwortung für das eigene Handeln zu übernehmen. Am schillerndsten imponierte die Grandiosität. Diagnostisch erfüllte Herr U. die Kriterien einer dissozialen Persönlichkeitsstörung; daneben entsprach er auch den Kriterien der „Psychopathy" von Hare mit einem PCLR-Score von 33.

Aus Herpertz & Saß (2003), S. 75

🕮 Davison, Neale & Hautzinger (2007): *Klinische Psychologie:*
Kapitel 13.3.4 „Dissoziale bzw. antisoziale Persönlichkeitsstörung" (S.475–476)

🕮 Kastner (2009): *Psychotherapie bei Psychopathie:* (S. 18–24)

🕮 Nedopil (2009): *Psychopathy und die Rückfallprognose für Gewalttaten:* (S. 34–41)

Übungsaufgaben

3.7.1 Wie unterscheiden sich die dissoziale PS und Psychopathie?

3.7.2 Wenn Sie einen Psychopathen festnehmen, welches Verhalten würden Sie dann von ihm erwarten und wie würden Sie damit umgehen?

3.7.3 Können psychopathische Personen ihr Verhalten ändern? Was könnte dies erschweren?

3.7.4 Personen mit hohen Psychopathie-Werten sind nicht notwendigerweise kriminell, sondern können in Unternehmen oder bestimmten beruflichen Positionen mitunter sehr erfolgreich sein. Welche Berufe/Positionen könnte dies betreffen und mit welchen Charakteristiken der Störung könnte man dies erklären?

3.8 Paranoide Persönlichkeitsstörung

3.8.1 Was ist die paranoide Persönlichkeitsstörung?

Menschen mit einer paranoiden PS zeigen ein **ausgeprägtes Misstrauen** und **Argwohn** gegenüber anderen. Denn sie erwarten ständig betrogen oder ausgenutzt zu werden und interpretieren selbst freundliche oder harmlose Handlungen ihrer Mitmenschen als feindselig, bedrohlich und gegen sich gerichtet (z. B. von Kollegen und Chef absichtlich schlecht behandelt). Dabei sind ihre böswilligen Unterstellungen, häufig in Bezug auf Loyalität und

Vertrauenswürdigkeit, völlig ungerechtfertigt (z. B. Ehemann ist trotz der Treue seiner Frau ständig eifersüchtig und bezichtigt sie fremdzugehen). So können sie sich auch nur schwer anderen Menschen anvertrauen (haben z. B. Angst, Gesagtes wird gegen sie verwendet) und neigen dazu, andere ständig zu kontrollieren oder zu kritisieren. Dies hat oft zunehmende soziale Isolation zur Folge, da sie kaum langfristige und vertrauensvolle Beziehungen unterhalten können. Zudem sind diese Menschen oft rechthaberisch und streitsüchtig. Eigene Fehler wollen sie nicht einsehen und die Schuld dafür haben immer andere. So geraten sie oft in zwischenmenschliche Konflikte, denn bei vermeintlichen Angriffen, Kränkungen oder Zurückweisungen reagieren sie zudem überaus empfindlich, werden schnell aggressiv und sind lange nachtragend.

Im Unterschied zur paranoiden Schizophrenie oder anderen psychotischen Störungen sind ihre Vorstellungen weniger bizarr und der allgemeine Bezug zur Realität bleibt erhalten. Insbesondere beim paranoid-narzisstischen Typus können die Vorstellungen von sich selbst und den eigenen Fähigkeiten dennoch übertrieben sein (z. B. Allmachtsfantasien). Der paranoid-anankastische Typus zeichnet sich dagegen durch Rigidität und ein starres Festhalten an Regeln und Normen aus.

3.8.2 Entstehung von paranoiden Persönlichkeitsstörungen

Genetische Befunde verweisen auf eine mögliche familiäre Häufung von Störungen aus dem schizophren-wahnhaften Spektrum.

Paranoide Persönlichkeiten stammen gehäuft aus Familien mit einem rigiden, kontrollierenden und erniedrigenden Erziehungsstil, die sich gegenüber einer vermeintlich feindseligen und neidischen Umwelt abschotten.

3.8.3 Polizei & paranoide Persönlichkeitsstörungen

Etwa 0,5 bis 2,5 % aller Erwachsenen leiden an einer paranoiden PS, darunter sind mehr Männer. Dabei kann es aufgrund der paranoiden Ideen zu rechtlichen Normverletzungen kommen und paranoide Persönlichkeiten werden als Querulanten, pathologisch eifersüchtige Ehepartner oder Fanatiker straffällig (z. B. Nachbarschaftsstreit artet aus, weil der Hund des Nachbarn vermeintlich absichtlich morgens bellt). Außerdem kann die typische Streitsucht auch aggressive Züge annehmen und soziale Konfliktsituationen, in denen die „Feinde“ schnell als bedrohlich wahrgenommen werden, können eskalieren. Aggressive Impulse werden dann unkontrolliert ausagiert. Dies ist vor allem beim paranoid-antisozialen Typus der Fall, der sich durch querulatorische, feindselig-kämpferische Züge auszeichnet (z. B. „Kampffanatiker").

Auch bei jugendlichen, vor allem aber erwachsenen Amoktätern wurden gehäuft paranoid-narzisstische Persönlichkeitszüge (Jugendliche) bzw. -störungen (Erwachsene) festgestellt[12]. Sie zeichneten sich durch eine hohe Kränkbarkeit und Unversöhnlichkeit aus und fühlten sich oft durch andere missachtet und schlecht bzw. ungerecht behandelt und reagierten mit ihrer Tat auf subjektiv empfundenes „Unrecht".

Fallbeispiel

Ein 52-jähriger arbeitsloser, ehemaliger Angestellter wird anlässlich einer Begutachtung in die psychiatrische Klinik aufgenommen. Das Gutachten anfordernde Gericht fragt nach der Schuldfähigkeit des Angeklagten. Die übersandten Akten sind so umfangreich, dass sie in 4 Paketen angeliefert werden. Im Einzelnen handelt es sich um über 700 Seiten Aktenmaterial. Aktueller Anlass für die Begutachtung war, dass der Patient einen Richter, der ihm nicht Recht zugesprochen hatte, beleidigt und bedroht und an dessen Vorgesetzten, einen Landgerichtspräsidenten, einen Brief geschrieben hatte, in dem er den Richter in grober Weise verunglimpft und als »Rechtsverdreher« hingestellt hatte. Bei der Durchsicht der Akten zeigte sich, dass der Patient bereits seit 12 Jahren diverse Gerichte mit Prozessen und Eingaben beschäftigte, bei denen es ihm zunehmend darum ging, seine Rechtsauffassungen in rechthaberischer und rigider Weise durchzusetzen. Entscheidungen gegen seine Meinungen wurden als feindselig und gegen ihn persönlich gerichtet interpretiert und zogen weitere Anzeigen und Eingaben nach sich. Nach Verlust des Arbeitsplatzes hatte der Patient sich ganz in seine Prozessaktivitäten gestürzt, seine Ersparnisse weitgehend dafür aufgebraucht und seine Familie so weit vernachlässigt, dass die Ehefrau ihn verlassen hatte, nachdem die Kinder aus dem Haus waren. Der Patient war von früheren, wichtigen Bezugspersonen (Ehefrau, Mutter, Schwester) als primär leicht verunsicherbar und verletzlich beschrieben worden. Die jetzige querulatorische Entwicklung hatte eingesetzt, nachdem der Patient 13 Jahre zuvor eine Kränkung am Arbeitsplatz hatte hinnehmen müssen: Er war bei einer Beförderung, die ihm bereits angekündigt worden war, zugunsten eines jüngeren, aber forscher auftretenden Kollegen übergangen worden.

Aus Arolt, Reimer & Dilling (2007), S.207–208.

🕮 Comer (2008): *Klinische Psychologie:*
Kapitel 16 „Persönlichkeitsstörungen" (S. 418–419)

🕮 Herpertz & Saß (2003): *Persönlichkeitsstörungen:*
Kapitel 4.1 „Paranoide Persönlichkeitsstörung" (S. 60–62)

12 Bannenberg (2017).

📖 Ullrich (1999): *Die Persönlichkeit von Straftätern:*
Kapitel 4.1.1 „Die paranoide Persönlichkeitsstörung“ (S. 42–43)

Übungsaufgaben

3.8.1 Welche typischen Symptome der paranoiden PS zeigt der 52-jährige ehemalige Angestellten im Fallbeispiel? Welcher Typus der paranoiden PS liegt bei ihm vor?

3.8.2. In welchen Situationen könnten Polizeibeamte typischerweise auf Personen mit paranoider PS treffen?

3.8.3 Welche (weiteren) Delikte/Konfliktsituationen könnten typisch sein?

3.8.4 Inwiefern kann die Wahrnehmung eines Menschen mit paranoider Persönlichkeitsstörung bezüglich des Verhaltens seiner Mitmenschen zur selbsterfüllenden Prophezeiung werden (bzw. er dieses selbst provozieren)?

4 Traumafolgestörungen

4.1 Trauma

Vermutlich jeder von uns wurde bereits einmal mit einem Stresserlebnis wie Trennung/Scheidung oder Jobverlust konfrontiert, das für den Einzelnen zwar belastend war, aber in der Regel nicht zu Symptomen einer psychischen Störung geführt hat. Von einem **traumatischen Ereignis** spricht man daher erst bei Situationen, die bei der Mehrheit der Menschen mit einer deutlichen Risikobelastung verbunden sind. Um ein **Trauma** zu entwickeln, ist das konkrete Vorhandensein solch eines traumatischen Ereignisses Grundvoraussetzung:

Traumatisches Ereignis

= Ereignis (erlebt, beobachtet, durch Berichte anderer damit konfrontiert), das …

… tatsächlichen oder drohenden Tod

… oder ernsthafte Verletzung (auch angedroht) oder eine Gefahr der körperlichen Unversehrtheit

… der eigenen Person oder anderer Personen beinhaltete.[13]

⇩

Trauma

= Diskrepanzerlebnis zwischen bedrohlichen Situationsfaktoren und den individuellen Bewältigungsmöglichkeiten, das …

… mit Gefühlen von Hilflosigkeit und schutzloser Preisgabe einhergeht

… und dadurch eine dauerhafte Erschütterung von Selbst- und Weltverständnis bewirkt.[14]

---

13 Definition basierend auf der des amerikanischen DSM-Systems der APA (2013), wo im Rahmen der Neuerungen des DSM-5 zusätzlich explizit das Erleben sexueller Gewalt oder deren Androhung sowie extreme oder wiederholte Konfrontation mit aversiven Details traumatischer Ereignisse (z. B. Einsammeln von Leichenteilen oder im Rahmen polizeilicher Einsätze bei schwerer Kindesmisshandlung) mitaufgenommen wurden.

14 Fischer & Riedesser, 2009, S. 84.

Zu traumatischen Ereignissen zählen z. B. Folter, Kriegsgefangenschaft oder Naturkatastrophen. Aber auch weniger außergewöhnliche Ereignisse wie z. B. Autounfälle oder andere schwere Unfälle sowie gewalttätige Übergriffe oder Vergewaltigungen können traumatisch sein. Bei Kindern können unangemessene sexuelle Erfahrungen oder massive Vernachlässigung zu einem Trauma führen. Solche sich längerfristig hinziehenden traumatischen Umstände werden als *Typ II-Traumata* klassifiziert. Demgegenüber bezeichnen *Typ I-Traumata* einmalige überwältigende Vorkommnisse (z. B. Unfälle). Dabei muss man nicht zwingend selbst das unmittelbare Opfer des traumatischen Ereignisses sein (*primäre Traumatisierung*). Jegliche Konfrontation damit, d. h. auch Zeuge eines solchen Ereignisses (z. B. bei Traumahelfern wie Polizeibeamten oder Katastrophenhelfern) oder Angehöriger eines direkten Opfers (z. B. bei Angehörigen von Holocaust-Opfern sogar über Generationen hinweg) zu sein, kann zu einer enormen emotionalen Belastung führen und so traumatisieren (*sekundäre Traumatisierung*).

Denn damit sich ein Trauma entwickelt, ist neben dem traumatischen Ereignis selbst auch das **subjektive Erleben** dessen wichtig. Ein psychisches Trauma resultiert dann, wenn es zum Diskrepanzerleben zwischen den bedrohlichen Ereignisfaktoren und den individuellen Bewältigungsmöglichkeiten kommt. Je bedrohlicher also die Situation, desto unwahrscheinlicher, dass ein Individuum diese bewältigen kann, und desto wahrscheinlicher damit die Entwicklung eines Traumas. Die subjektiv empfundene Bedrohlichkeit einer Situation kann jedoch individuell variieren (Situationen werden vom Einzelnen z. B. dann als bedrohlicher wahrgenommen, wenn sie an einst erlebte Bedrohungen bzw. frühere Traumata erinnern). Dieses individuelle Diskrepanzerleben führt zu Gefühlen von Schutzlosigkeit bzw. Kontrollverlust.

In Konsequenz dieser subjektiven emotionalen Reaktionen auf das Ereignis kommt es zu einer dauerhaften Erschütterung des Selbst- und Weltverständnisses; d. h. Verlust von Selbstvertrauen auf der einen Seite und Vertrauensverlust in das soziale Umfeld bzw. in die eigene Zukunftsperspektive z. B. aufgrund von Nahtoderfahrungen auf der anderen Seite.

🕮 Fischer & Riedesser (2009): *Lehrbuch der Psychotraumatologie:*

Kapitel 2 „Situation, Reaktion, Prozess" (S. 84–90)

Kapitel 3 „Differenzielle Psychotraumatologie" (S. 151–152)

🕮 Wittchen & Hoyer (2011): *Klinische Psychologie & Psychotherapie:*

Kapitel 45 „Posttraumatische Belastungsstörung" (S. 986)

4.2 Posttraumatische Belastungsstörung

4.2.1 Was ist die Posttraumatische Belastungsstörung?

Als Reaktion auf ein Trauma kann sich sofort nach dem Ereignis oder auch erst Monate später eine Posttraumatische Belastungsstörung (PTBS) entwickeln. Damit ist die Diagnose der PTBS im Unterschied zu allen anderen psychischen Störungen an ein auslösendes Ereignis gebunden. Wichtig für die Diagnosestellung ist zudem, dass die Symptome länger als einen Monat andauern (sonst z. B. akute Belastungsreaktion).

Das **traumatische Ereignis** wird bei der PTBS durch wiederkehrende Erinnerungen ständig **wiedererlebt** („*Intrusionen*“). Dabei handelt es sich meist um nur kurze Fragmente des Traumas, die in Form von Bildern, Albträumen, Flashbacks oder sich aufdrängenden Gedanken ungewollt und spontan erinnert und von den Betroffenen als sehr belastend erlebt werden (z. B. Bilder laufen vor dem geistigen Auge ab, Schreie und Schüsse hören, körperliche Schmerzen erneut spüren). Die Erinnerungen können dabei so lebhaft sein, dass sie ihnen für den Moment als real erscheinen und ihre zeitliche und räumliche Orientierung verloren geht. In Folge der ständig wiederkehrenden belastenden Erinnerungen kann es zu einer permanenten **Übererregung** kommen. Die Betroffenen leiden dabei z. B. unter erhöhter Wachsamkeit (*Hypervigilanz*), übermäßigen Schreckreaktionen, Schlafstörungen, Konzentrationsschwierigkeiten oder erhöhter Reizbarkeit.

Um einem Wiedererleben des Traumas vorzubeugen, werden innere und äußere **Reize, die der Traumatisierung ähneln, vermieden**. So werden bestimmte Situationen, Aktivitäten oder Menschen vermieden, aber auch Erinnerungen, Gefühle und Gedanken verdrängt. Im Kontrast zur Übererregung kann diese Vermeidung zu einer **emotionalen Taubheit** führen. Die Betroffenen zeigen dabei nur noch eine eingeschränkte affektive Reaktivität und Zukunftsperspektive (z. B. Hoffnungslosigkeit; Unvermögen, Freude und Trauer zu empfinden). Auch das Interesse an Dingen, die ihnen vor dem Trauma wichtig waren, ist gemindert und kann sogar bis zur sozialen Isolation führen.

4.2.2 Entstehung von Posttraumatischen Belastungsstörungen

Die meisten Menschen erleben in ihrem Leben mindestens ein traumatisches Ereignis, aber nur durchschnittlich 10–20 % entwickeln daraufhin eine PTBS. Das bedeutet, nicht alle erlebten Traumatisierungen führen zu einer PTBS (oder anderen psychischen Störung). Die Risikofaktoren für die

Entwicklung einer PTBS werden anhand ihres zeitlichen Vorliegens relativ zum Ereignis in prä-, peri- und posttraumatisch unterschieden. Prätraumatische Risikofaktoren, wie z. B. weibliches Geschlecht, geringe Bildung bzw. Intelligenz, junges Alter, bestimmte Persönlichkeitsfaktoren oder vorhergehende psychische Störungen oder Traumatisierungen, sind für die Störungsentwicklung jedoch weniger relevant. Von größerer Bedeutung sind dagegen peritraumatische Risikofaktoren, also Faktoren, die zum Zeitpunkt der Traumatisierung vorliegen. Dazu gehören z. B. Alkoholisierung oder andere Intoxikationen des Opfers oder bestimmte Merkmale des Traumas (z. B. Schweregrad, Häufigkeit, Betroffenheit, Verursachung, Beziehung zwischen Täter und Opfer). Im Vergleich zu diesen objektiven Merkmalen des Traumas sind das subjektive Erleben sowie die emotionale und psychophysiologische Reaktion darauf für die Entwicklung der PTBS wiederum relevanter. Besonders kritisch sind z. B. Erleben von Todesangst, Sich-Aufgeben, Verlust des Autonomiegefühls, dissoziative Symptome oder negative Interpretationen des Traumas, der ersten Symptome und der Reaktionen des Umfelds. Darüber hinaus sind auch posttraumatische Faktoren, also wie das Trauma bewältigt wird, wichtig. Z.B. Vermeidung, fehlende soziale Unterstützung oder zusätzlicher Stress in der Lebensführung wirken sich negativ auf die Entstehung einer PTBS aus.

4.2.3 Polizei & Posttraumatische Belastungsstörungen

Die Häufigkeiten für PTBS schwanken stark in Abhängigkeit vom Lebensraum und der dortigen Häufigkeit für traumatische Ereignisse; in Deutschland ist diese relativ niedrig. Zudem sind die Häufigkeiten abhängig von der Art des erlebten traumatischen Ereignisses. Eine PTBS tritt deutlich häufiger nach Typ II-Traumata auf sowie nach Traumata, die vom Menschen verursacht wurden (z. B. gewalttätige oder sexuelle Übergriffe). So entwickeln etwa 50 % der Menschen nach einer Vergewaltigung sowie etwa 25 % nach anderen Gewaltübergriffen eine PTBS, wohingegen nach Verkehrsunfällen deutlich geringere Raten von nur 8–10 % ermittelt wurden. Für Deutschland werden bezogen auf die Allgemeinbevölkerung Lebenszeitprävalenzen einer PTBS von ca. 2 % berichtet[15]. In Risikopopulationen,

15 In Bezug auf die Lebenszeitprävalenzen spielt z. B. auch die Altersspanne der Stichprobe eine große Rolle: So fand die Studie von Hapke et al. (2006) an einer Stichprobe 18–64-Jähriger eine Lebenszeitprävalenz für die BRD von 1,4 % sowie eine 12-Monatsprävalenz von 0,7 %, wohingegen eine andere deutsche Studie von Maercker et al. (2008) bezogen auf eine Altersgruppe von 14–95 Jahre eine deutlich höhere 12-Monatsprävalenz von 2,3 % fand, was damit erklärt werden kann, dass hier die Kriegsgeneration in den älteren Alterskohorten enthalten war.

dazu zählen auch Polizeibeamte, liegen diese höher. So werden etwa für deutsche Polizeibeamte Prävalenzraten zwischen knapp 5 %[16] bis knapp 29 %[17] angegeben. Das Risiko für ein Auftreten von Symptomen der PTBS, ohne dass es für eine Diagnosestellung ausreicht, liegt bei ihnen aber um ein Vielfaches höher (ca. 15–63 %).

Fallbeispiel

Eine 37-jährige Schauspielerin wurde von ihrem Freund zur Untersuchung gebracht. Acht Monate zuvor war eine Freundin bei einem Raubüberfall, dem sie selbst unverletzt entkam, erstochen worden. Nach einer gewissen Zeit der Trauer war sie scheinbar wieder wie früher. Sie half der Polizei bei den Ermittlungen und wurde allgemein als ideale Zeugin angesehen. Kurz nach der Verhaftung eines Mannes, der wegen des Mordes angeklagt wurde, hatte die Patientin wiederholt Albträume und lebhafte Erinnerungen an die Mordnacht. In ihren Träumen sah sie häufig Blut und hatte die Vorstellung, dass sie von bedrohlichen, verhüllten Gestalten verfolgt wurde. Tagsüber, besonders wenn sie allein unterwegs war, verlor sie sich in Tagträumen und vergaß, wo sie hingehen wollte. Ihre Freunde stellten fest, dass sie leicht erschrak und besorgt wirkte. Sie vergaß das Wechselgeld oder die Einkäufe im Geschäft oder konnte sich, wenn sie bedient wurde, nicht mehr erinnern, was sie kaufen wollte. Sie fing an, unruhig zu schlafen und konzentrierte sich nicht mehr bei der Arbeit. Nach und nach zog sie sich von ihren Freunden zurück und fing an, die Arbeit zu meiden. Wegen der Ermordung ihrer Freundin empfand sie große Schuld, obwohl nicht klar war, warum.

Aus Davison, Neale & Hautzinger (2007), S. 189

Fischer & Riedesser (2009): *Lehrbuch der Psychotraumatologie:*
Kapitel 3 „Differenzielle Psychotraumatologie“ (S. 149)

Flatten et al. (2011). *S2-Leitlinie. Diagnostik und Behandlung von akuten Folgen psychischer Traumatisierung* (S. 203).

Latscha (2005): *Belastungen von Polizeivollzugsbeamten:*
Kapitel 1.2 „Definition von Traumata, Epidemiologie und DSM-IV Kriterien“ (S. 14–15)
Kapitel 2 „Belastungen im Polizeiberuf“ (S. 25–27)

Wittchen & Hoyer (2011): *Klinische Psychologie & Psychotherapie*:
Kapitel 45 „Posttraumatische Belastungsstörung“ (S. 986–992)

16 Teegen et al. (1997).
17 Gasch (2000).

4.3 Weitere Traumafolgestörungen

Direkt nach der Konfrontation mit einem traumatischen Ereignis, d.h. schon innerhalb weniger Minuten, kann es bei Betroffenen zum Auftreten einer **akuten Belastungsreaktion** (ICD-10) bzw. akuten Belastungsstörung (DSM-5) kommen. Die akute Belastungsreaktion wird in der ICD-10 als „vorübergehende Störung von beträchtlichem Schweregrad" bezeichnet, „die sich bei einem psychisch nicht manifest gestörten Menschen als Reaktion auf eine außergewöhnliche körperliche oder seelische Belastung entwickelt" (Dilling, Mombour & Schmidt, 2015, S. 205). Dabei handelt sich umgangssprachlich um einen „Schock", also eine normale, aber massive Stressreaktion.

Am Anfang dominiert meist ein Zustand der „Betäubung", in dem eine Bewusstseinseinengung, eingeschränkte Aufmerksamkeit, eine Unfähigkeit der Reizverarbeitung sowie Desorientierung vorliegen. Nachfolgend wird dieser „Schock" begleitet von gemischten, immer wieder wechselnden Symptomen wie Angst und psychophysiologischer Übererregung, wie es auch bei der PTBS vorkommt, Überaktivität (z.B. Fluchttendenzen, Bewegungsdrang), vegetativen Stressreaktionen (z.B. Schwitzen, Erröten, Herzrasen) oder auch gegenteiligen Symptomen wie Bewegungsstarre oder Apathie. Während oder nach dem Ereignis kann es zusätzlich zu dissoziativen Symptomen wie z.B. emotionaler Taubheit, einem Derealisationserleben (Gefühl, von der Umgebung abgetrennt zu sein) oder Depersonalisationserleben (Gefühl, von Teilen des Selbst abgetrennt zu sein) kommen.

Ob und in welcher Ausprägung eine solche Belastungsreaktion auftritt, hängt von der individuellen Vulnerabilität und den eigenen Bewältigungsstrategien ab. Das Risiko ist jedoch bei gleichzeitiger körperlicher Erschöpfung oder auch organischen Beeinträchtigungen (z.B. bei älteren Menschen) erhöht. Im Unterschied zu einer PTBS klingen die Symptome der akuten Belastungsreaktion meist nach Stunden oder Tagen, spätestens aber nach vier Wochen wieder ab. Betroffene, die eine akute Belastungsreaktion zeigen, haben jedoch ein erhöhtes Risiko, später eine PTBS zu entwickeln. Für die Episode der akuten Belastungsreaktion kann später eine teilweise oder auch vollständige Amnesie vorliegen, d.h., die Person kann bezüglich der Phase unmittelbar nach dem traumatischen Ereignis ggf. keine oder nur wenig Auskunft geben.

In Folge eines Traumas können sich später anstelle oder oft auch komorbid neben einer PTBS auch andere, trauma-unspezifische psychische Störungen entwickeln (z.B. Angststörungen, Substanzmissbrauch oder -abhängigkeit, Depression, Somatisierung). In einigen Fällen kann es auch zu einer **andauernden Persönlichkeitsänderung nach Extrembelastung** führen. Dabei kommt es zu einer andauernden Veränderung in der Wahrnehmung, im Denken und Verhalten bezüglich der Umwelt und der eigenen Person und wie bei den Persönlichkeitsstörungen zu einem unflexiblen, unangepassten Verhalten mit Beeinträchtigungen für soziale und berufliche Beziehungen. Dies äußert sich typischerweise z. B. in einer feindlichen oder misstrauischen Haltung gegenüber der Welt, sozialem Rückzug und Gefühlen von Entfremdung und Nervosität. Für eine Diagnosestellung müssen die Veränderungen mindestens zwei Jahre bestehen.

Weitere im Zusammenhang mit traumatischen oder extrem belastenden oder stressreichen Erlebnissen auftretende Störungen betreffen **dissoziative Störungen**. Kennzeichnend für diese Störungen ist, dass die normalerweise vorhandene Integration von Erinnerungen, des Identitätsbewusstseins, der Gefühle und Empfindungen sowie von Körperbewegungen nicht mehr gegeben ist, sondern die Betroffenen z. B. Gefühle und Gedanken nicht mehr gleichzeitig erleben oder Erinnerungen und Gefühlszustände nicht als einander zugehörig empfinden. In der Folge wird die eigene Person nicht mehr ganzheitlich wahrgenommen.

Dissoziative Zustände reichen von „normalen" Alltagsphänomenen (z. B. bei hoher Konzentration auf eine Sache, wo man kurzzeitig nichts um sich herum wahrnimmt, „tagträumt" oder „neben sich steht") bis hin zu pathologischen Formen im Sinne dissoziativer Störungen, von denen Frauen deutlich häufiger betroffen sind als Männer. Dissoziative Symptome (z. B. die Depersonalisation) treten selten isoliert, sondern häufig im Zusammenhang mit anderen psychischen Störungen auf (s. o., z. B. bei akuter Belastungsreaktion oder vor allem posttraumatischer Belastungsstörung, Borderline-Persönlichkeitsstörung, Depression). Sie können aber auch den Schweregrad einer eigenen Störung annehmen, wo diese Symptome dann überwiegen. Dissoziative Störungen betreffen sehr unterschiedliche, meist plötzlich auftretende und wieder verschwindende Krankheitsbilder, die isoliert oder in Kombination auftreten können.

Ein Beispiel ist die **dissoziative Amnesie**, deren Hauptmerkmal eine plötzlich auftretende (partielle oder vollständige) Erinnerungsunfähigkeit bezüglich bestimmter (meist kurz zurückliegender) Lebensereignisse oder Phasen betrifft (z. B. nach Unfällen oder plötzlichen Todesfällen). Der Gedächtnisverlust einer Amnesie darf nicht durch Alkoholkonsum oder hirnorganische Störungen erklärbar sein. Anders als bei einer Erinnerungsunfähigkeit nach Alkohol- oder Drogenkonsum, die auch nicht wiederhergestellt werden kann, sind die Erinnerungen an die meist für den Betroffenen traumatischen Ereignisse im Rahmen einer dissoziativen Amnesie nicht unwiederbringlich verloren, sondern lediglich während der Dauer der Amnesie nicht zugänglich. Oftmals gibt es zudem einen Kern, der nicht erinnert wird, wohingegen andere Aspekte und damit das Ausmaß der Amnesie von Tag zu Tag variieren können. Am häufigsten treten dissoziative Amnesien im jungen Erwachsenenalter auf, wohingegen sie bei älteren Menschen selten sind.

Weitere (im Vergleich zur dissoziativen Amnesie deutlich seltener auftretende) Beispiele für dissoziative Störungen sind die dissoziative Fugue (plötzliches und unerwartetes Verlassen der gewohnten Umgebung von unterschiedlicher Dauer mit anschließender Amnesie für diese Episode) oder die multiple Persönlichkeitsstörung (Vorhandensein von mindestens zwei vollständigen Persönlichkeiten/Identitäten, von denen immer nur eine sichtbar ist und keine Zugang zu den Erinnerungen der anderen hat).

🕮 Benecke (2014): *Klinische Psychologie und Psychotherapie:*

Kapitel 23.2.1 „Akute Belastungsreaktion“ (S. 359–360)

Kapitel 23.2.3 „Andauernde Persönlichkeitsveränderung nach Extrembelastung“ (S. 361–362)

🕮 Dilling, Mombour & Schmidt (2015): *ICD-10:*

F44 „Dissoziative Störungen“ (S. 212–216 u. 223)

F43 „Akute Belastungsreaktion“ (S. 205–206).

🕮 Wittchen & Hoyer (2011): *Klinische Psychologie & Psychotherapie*:

Kapitel 45 „Posttraumatische Belastungsstörung“ (S. 989–93)

Übungsaufgaben

4.1 Welche typischen Symptome der PTBS zeigt die Schauspielerin im Fallbeispiel auf S. 54? Handelt es sich beim erlebten Raubüberfall um ein Trauma? Warum (nicht)?

4.2 Obwohl Männer eine höhere Wahrscheinlichkeit haben, in ihrem Leben ein traumatisches Ereignis zu erleben, ist das Risiko für Frauen eine PTBS zu entwickeln etwa doppelt so hoch. Woran könnte dies liegen?

4.3 Welche prä-, peri- und posttraumatischen Risikofaktoren für eine PTBS liegen in den folgenden 4 Beispielen vor? Gibt es Schutzfaktoren? Begründen Sie, welche der 4 Personen besonders gefährdet sind, eine PTBS zu entwickeln.

Fallbeispiel 1

Frau M., 26 Jahre, war auf einer Geschäftsreise von Hamburg nach München unterwegs. Sie bereitete gerade noch eine Präsentation auf ihrem Computer vor, als der Zug plötzlich nach rechts ausbrach. Passagiere und Gepäck wurden herumgeschleudert. Frau M. hatte schreckliche Todesangst, während der Zug entgleiste, die ganze Situation kam ihr so vor, als würde sie Stunden dauern. Irgendwann wurde alles schwarz und das Erste, an das sie sich wieder erinnern kann, ist, dass Rettungskräfte ihr halfen aus dem Zug zu kommen. Sie brachten Frau M. zu einem Krankenwagen. Frau M. fielen immer wieder die Augen zu. In den Momenten, wo sie sie öffnen konnte, sah sie auf ihrem Weg zum Krankenwagen sehr viele Menschen aus dem Zug auf dem Boden liegen. Manche auf Tragen, die von Sanitätern betreut wurden, manche in anderen Krankenwagen. Sie erkannte einige der Personen als Mitfahrer, die in ihrem Abteil gesessen hatten. Manche lagen einfach so auf dem Boden, ihre Arme und Beine schrecklich verdreht und sie hatten ihre Augen geschlossen. Über eine dieser Personen legten andere Helfer gerade eine Plane.

Frau M. brauchte einige Wochen, um sich von ihren körperlichen Verletzungen zu erholen. Ihre Familie hatte sie oft im Krankenhaus besucht und Frau M. ging es den Umständen entsprechend gut. Als sie aus dem Krankenhaus entlassen wurde, war sie noch eine weitere Woche krankgeschrieben. Sie brachte ihre Wohnung in Schuss, ging entspannt auf Wochenmärkten einkaufen und freute sich schon, in der nächsten Woche wieder ihre Arbeit beginnen zu können und ihre Kollegen wiederzusehen. Am kommenden Montag war es soweit, die Arbeit begann wieder. Frau M. ging zur Bushaltestelle, von der aus sie immer den Bus zu ihrer Arbeitsstelle nimmt. Sie konnte nicht ausmachen, warum, aber irgendwie fühlte sie sich etwas unwohl in diesem Moment und entschloss sich spontan, mit dem Fahrrad zur Arbeit zu fahren. Damit fühlte sie sich irgendwie freier. Außerdem würde es ihr sicherlich auch guttun, nachdem sie durch die Verletzungen lange keinen Sport treiben konnte. Frau M. hatte einen guten ersten Arbeitstag. Am nächsten Tag regnete es stark und Frau M. wollte daher nicht das Fahrrad nehmen. Sie ging erneut zur Bushaltestelle. Wie am Tag zuvor wurde ihr dort irgendwie unwohl zu Mute. Sie versuchte dies abzuschütteln, doch es gelang ihr nicht. Als der Bus schließlich kam, stieg sie nicht ein. Sie ging zurück in ihre Wohnung und meldete sich für diesen Tag krank. Die nächsten Tage war sonniges Wetter und Frau M. fuhr mit dem Fahrrad zur Arbeit. Am Wochenende wollte sie ihre Freunde treffen. Um dorthin zu gelangen, musste sie ein kurzes Stück mit der Regionalbahn fahren. Sie machte sich voller Freude auf den Weg zum Bahnhof. Dort angekommen, überkam sie dasselbe Gefühl wie an der Bushaltestelle. Sie setzte sich auf eine Bahnhofsbank und versuchte sich von diesem Gefühl abzulenken. Der Zug fuhr ein, Frau M. versuchte aufzustehen, aber sie konnte irgendwie nicht. Schließlich fuhr der Zug ohne Frau M. ab und sie machte sich auf den Weg nach Hause, sagte ihren Freunden, dass es ihr nicht gut gehe und zog sich in ihr Bett zurück. Sie sprach viel mit ihrer Familie über diese Erlebnisse der letzten Woche, da sich Frau M. zunehmend eingeschränkt fühlte. Ihre Familie gab ihr Halt und sie beschlossen zusammen, dass eine Psychotherapie ihr sicher helfen würde.

Fallbeispiel 2

Herr T., 17 Jahre, lebt im Hause seiner Mutter, die aufgrund ihres Jobs oftmals für längere Zeit im Ausland ist. Seine Mutter begann diesen Job, als er 5 Jahre alt war. Zunächst kümmerte sich seine Großmutter um ihn, wenn seine Mutter beruflich unterwegs war. Diese verstarb jedoch, als Herr T. 6 Jahre alt war. Seine Mutter fragte daraufhin den Onkel von Herrn T., ob dieser die Betreuung für die Zeit ihrer Auslandsaufenthalte übernehmen könne. Dieser stimmte zu und Herr T. war sehr froh darüber. Er liebte seinen Onkel. Herr T., sein Onkel und seine Mutter haben schon immer sehr viel zusammen unternommen. Da Herr T. keinen Kontakt zu seinem Vater hat, seitdem sich dieser kurz nach seiner Geburt von der Familie trennte, hat er seinen Onkel auch immer etwas als Vaterersatz angesehen und deshalb gern so viel Zeit wie möglich mit ihm verbracht.

Herr T. habe die Betreuung durch seinen Onkel zunächst sehr genossen, sie spielten Fußball, unternahmen Dinge oder schauten fern. Herr T. durfte beim Fernsehen auch immer auf dem Schoß seines Onkels sitzen und ein paar „Kuscheleinheiten" genießen. An einem Abend waren diese jedoch sehr komisch, da sein Onkel begann, Herrn T. im Schritt zu berühren. Herr T. fand das etwas unangenehm, dachte sich jedoch nichts weiter dabei. Später an diesem Abend brachte der Onkel Herrn T. ins Bett und legte sich zu ihm. Damals war Herr T. sehr verwirrt darüber, was an diesem Abend geschah. Heute kann er sagen, dass damals der sexuelle Missbrauch durch seinen Onkel begann.

Zu Beginn des sexuellen Missbrauchs hatte Herr T. noch gehofft, dass dies eine einmalige Sache gewesen sei. Es blieb jedoch nicht bei dem einen Mal. Seit diesem Abend kam es jedes Mal, wenn die Mutter von Herrn T. beruflich unterwegs war, zu sexuellen Misshandlungen durch seinen Onkel, die in der Intensität mit der Zeit zunahmen. Wenn die Mutter daheim war, unternahmen die 3 weiterhin gemeinsam Dinge. Herr T. war dann immer hin und hergerissen zwischen dem Genießen der gemeinsamen Zeit mit seinem Onkel und den komischen Erlebnissen, wenn die Mutter nicht da war. Je öfter der Missbrauch stattfand, desto mehr richtete sich Herr T. deshalb auf diesen Umstand ein und ließ es einfach über sich ergehen. Er wollte seinen Onkel und die gemeinsamen Ausflüge nicht verlieren. Außerdem brauchte er ja auch eine Betreuung, wenn seine Mutter nicht da war. Aus diesen Gründen hat er seiner Mutter auch niemals von all dem erzählt. Er wollte nicht, dass sie noch mehr Stress hat und schämte sich sehr, für das, was passierte und dass er sich seinem Onkel so ausgeliefert fühlte und nichts unternahm, um den Missbrauch zu stoppen. Er fühlte sich deshalb zunehmend selbst Schuld daran. Seit einiger Zeit funktioniert das Über-Sich-Ergehen-Lassen immer besser: Herr T. bekommt es fast gar nicht mehr mit, sondern ist wie weggetreten während des Missbrauchs. Seitdem kann er die Ausflüge mit dem Onkel und seiner Mutter wieder viel mehr genießen.

Fallbeispiel 3

Frau L., 32 Jahre, war am Wochenende mit ihren Freundinnen feiern und ging anschließend den letzten Rest des Weges allein nach Haus. Sie war gut drauf und summte leise eine Musik, sie hatte ein paar mehr Gläser Wein getrunken und fühlte sich seit langem Mal wieder in richtig guter Stimmung. 50 Meter vor ihrem Haus wurde sie von einem Fremden überwältigt, ins Gebüsch gezogen und vergewaltigt. Frau L. konnte das ganze Geschehen gar nicht realisieren, sie versuchte sich zu wehren, doch der Täter war viel zu stark, als dass sie irgendetwas gegen ihn hätte ausrichten können. Zum Glück ließ der Täter irgendwann von ihr ab und verschwand in der Nacht. Sie blieb im Gebüsch liegen, sie konnte sich auch nicht so recht erklären, warum. Sie hatte sich noch nie zuvor so ausgeliefert und hilflos gefühlt. Irgendwann schoss ihr in den Kopf, dass der Täter ja auch zurückkommen könnte, sodass sie sich panisch anzog und nach Hause lief. Dort angekommen, kauerte sie sich in eine Ecke und blieb so bis zum nächsten Morgen sitzen.

Als ihr Handy klingelte, war sie irgendwie in der Lage den Anruf anzunehmen. Es war eine ihrer Freundinnen. Diese bemerkte, dass Frau L. völlig neben der Spur war und fragte, was los sei. Daraufhin sprudelte alles aus Frau L. hervor. Sie war froh, ihrer Freundin von diesem schrecklichen Erlebnis berichten zu können. Ihre Freundin bot ihr Unterstützung in jeglicher Hinsicht an. Nach dem Telefonat duschte Frau L. und fühlte sich langsam wieder etwas mehr bei sich. Die zugesagte Unterstützung durch ihre Freundin machte ihr Mut.

Am Abend merkte sie jedoch, wie sich ein starkes Unsicherheitsgefühl in ihr breit machte. Sie hätte eigentlich noch einkaufen gehen müssen, wollte aber lieber in ihrer Wohnung bleiben. Sie wurde dieses Unsicherheitsgefühl auch in den nächsten Tagen nicht los. Ihren Weg zur Arbeit konnte sie nur unter großer Furcht ertragen. Abends und an den Wochenenden blieb sie nun lieber zu Haus. Dadurch sah sie ihre Freundinnen weniger, sie ging jedoch dazu über, stattdessen ab und an mit ihren Freundinnen zu telefonieren. Diese Telefonate taten ihr gut. Eine ihrer Freundinnen fragte sie jedoch beim letzten Telefonat, ob sich Frau L. in Zukunft nicht vielleicht etwas weniger sexy kleiden sollte, um ein erneutes Erleben solch eines Vorfalls zu vermeiden. Frau L. ist seitdem sehr verunsichert, wie sie mit dieser Äußerung umgehen soll und ob sie den Täter tatsächlich mit ihrem Outfit provoziert habe.

Fallbeispiel 4

Herr D., 43 Jahre, ist seit 3 Monaten aus einem Kriegseinsatz in Afghanistan zurückgekehrt. Herr D. hatte bereits vorher einige Einsätze gehabt, allerdings war keiner dieser Einsätze so extrem gewesen wie der in Afghanistan. Er hatte zuvor auch noch nie Kameraden während eines Einsatzes verloren, während des Afghanistan-Einsatzes schon. Der Einsatz war sehr hart, hatte 6 Monate gedauert und vor allem das Geräusch der einschlagenden Bomben ist ihm im Gehör geblieben. Trotzdem hat er sich immer gut aufgehoben gefühlt in seiner Truppe. Alle hielten irgendwie zusammen und gaben ihm dadurch ein Gefühl der Sicherheit. Vielleicht lag das auch daran, dass er und seine Kameraden gut vorbereitet wurden auf den Einsatz. Die Vorbereitung war viel intensiver gewesen als vor den anderen Einsätzen und er fühlte sich dadurch immer so, als wisse er, was in den verschiedenen Situationen zu tun ist, selbst wenn sie extrem waren. Auch die Aufarbeitung des Einsatzes im Nachhinein von Seiten der Bundeswehr hat Herr D. als sehr hilfreich erlebt. Er hatte dort viel Gelegenheit über seine Erlebnisse zu sprechen und auch von anderen zu hören, wie es ihnen nach ihren Einsätzen gegangen ist, wie man am besten damit umgeht. Außerdem unterstützt ihn seine Frau seit seiner Rückkehr, wo sie kann. Auch mit ihr hat er direkt nach dem Einsatz tagelang über seine Erlebnisse gesprochen. Sie war sehr interessiert und verständnisvoll. Immer noch spricht er regelmäßig mit seiner Frau über die Geschehnisse und erlebt dies jedes Mal als hilfreich. Nur als er mit seiner Frau bei dem Geburtstag eines Freundes war, ist ihm aufgefallen, dass er es nicht gut aushalten konnte, als dort ein Feuerwerk entzündet wurde. Es erinnerte ihn stark an die Bombeneinschläge, die er während des Einsatzes erlebt hatte. Seine Frau bemerkte in dieser Situation, dass irgendetwas nicht stimmte und entfernte sich mit ihm von dem Feuerwerk. Sie sprachen anschließend die ganze Nacht erneut über seinen Einsatz und was das Feuerwerk nun bei ihm ausgelöst hatte. Das gab Herrn D. sehr viel Halt. Mittlerweile sinkt das Bedürfnis über den Einsatz sprechen zu müssen, er genießt die Zeit mit seiner Frau und sein Alltag läuft sehr geregelt ab. Herr D. meidet jedoch weiterhin Feuerwerke, die ihn an die Bombeneinschläge erinnern könnten.

4.4. Was sind die *typischen* Symptome einer akuten Belastungsreaktion? Kreuzen Sie die richtigen Antworten an.

- Verminderter Antrieb (z. B. sozialer Rückzug)
- Vegetative Stressreaktion (z. B. Schwitzen, Herzrasen, Übelkeit, Zittern)
- Erhöhtes Erregungsniveau (z. B. starker Bewegungsdrang, Fluchttendenzen, Schreien)
- Wahnvorstellungen (z. B. sich verfolgt fühlen)
- Denk- und Sprachstörungen (z. B. Gedankenabreißen, grammatikalisch inkorrekte Sätze, Neologismen)
- Bewusstseinseinengung (z. B. unangebrachte, bizarre Handlungen)
- Desorientiertheit
- Somatische Symptome (z. B. Verstopfung, Durchfall)
- Mangelnde Krankheitseinsicht (z. B. psychische Symptome nicht erkennen oder nicht wahrhaben wollen)
- Dissoziative Gefühlszustände (z. B. gestörte Wahrnehmung der eigenen Person und Umwelt)
- Betäubung
- Halluzinationen (z. B. Stimmen oder Schreie hören)
- Bewegungsstarre, Apathie (z. B. „Versteinerung", „Erstarrung")

4.5 In welchen typischen Einsatzsituationen könnten Sie auf Personen mit einer akuten Belastungsreaktion treffen?

4.6 Welches Verhalten können Sie im Einsatz von Personen erwarten, die gerade ein Trauma erlebt haben? Wie sollten Sie mit diesen Personen umgehen?

4.7 Welche Ressourcen haben oder nutzen Sie selbst, um ein traumatisches Ereignis zu verarbeiten?

4.8 Welche Ereignisse und Risikofaktoren könnten eine erhöhte Auftretenswahrscheinlichkeit einer PTBS bei PolizeibeamtInnen begünstigen?

4.9 Woran könnten Sie eine Posttraumatische Belastungsstörung bei einer Kollegin/einem Kollegen erkennen? Was tun Sie, wenn Sie den Verdacht haben, dass eine Kollegin/ein Kollege an einer PTBS leidet?

5 Angststörungen

5.1 Angst

5.1.1 Gesunde Angst

Angst ist ein Zustand von hohem Aktivierungsgrad und dient als biologisch verankerte **Warnung vor Gefahr**. Durch Anpassung des Verhaltens hilft sie zudem die Gefahren zu bewältigen und ist daher evolutionär gesehen nützlich. Damit ist Angst zunächst eine gesunde Emotion und Teil des normalen menschlichen Erlebens und Verhaltens. Sie äußert sich in

- Körperlichen Reaktionen (z. B. Herzrasen, Schwitzen, Zittern, Schwindel),
- Gedanken (z. B. Gedankenrasen, Konzentrationsprobleme, bildliches Vorstellen, dass etwas Schlimmes passieren könnte, Gedanken wie „ich bin hilflos“),
- Gefühlen (z. B. Furcht, Anspannung) und
- Verhalten (z. B. Flucht, Vermeidung, Vorbereitung auf Kampf).

5.1.2 Pathologische Angst

Pathologisch wird Angst dann, wenn sie offensichtlich unbegründet bzw. situationsunangemessen sowie ungewöhnlich intensiv, schnell auslösbar und häufig auftritt. Diese überwältigende pathologische Angstreaktion zeigt sich überdauernd und konsistent (z. B. immer in Bezug auf ein bestimmtes Objekt oder eine bestimmte Situation), ohne dass Betroffene diese kontrollieren oder reduzieren können. Typisch für Angststörungen ist auch die sogenannte *„Erwartungsangst“* (Angst vor der Angst, wenn z. B. nur an das Objekt oder die Situation gedacht wird). Dies führt wiederum zu symptomatischem Vermeidungsverhalten vor dem Angstauslöser, unter Umständen bis hin zum sozialen Rückzug. Insgesamt kennzeichnet sich pathologische Angst durch einen erhöhten Leidensdruck, der die gesamte Lebensqualität beeinträchtigt und zu starken Einschränkungen im Alltag führen kann.

5.2 Entstehung von Angst

Angst entsteht, wenn äußere oder innere Reize (z. B. Prüfungssituation, Höhe, Selbstüberforderung, Erinnerung) zu einer Veränderung der körperlichen und psychischen Reaktionen führen und dies vom Betroffenen mit Gefahr assoziiert wird. Viele Betroffene neigen dann dazu, verstärkt in sich hinein zu horchen und weitere körperliche und psychische Veränderungen an sich wahrzunehmen. Diese werden negativ bewertet und die Angst verstärkt (Aufschauklungsprozess). Typischerweise reagieren Betroffene auf Angst entweder mit Sicherheitsverhalten zur eigenen Beruhigung (z. B. Wasser trinken) oder Flucht vor der angstauslösenden Situation. Zukünftig werden die angstauslösenden Momente in der Regel vermieden. Dieses Verhalten führt bei pathologischer Angst langfristig gesehen aber zu einem Teufelskreis, da die eigentlich ungefährliche Situation nicht als solche erkannt werden kann und die Angst davor so aufrechterhalten wird.

🕮 Benecke (2014): *Klinische Psychologie und Psychotherapie:*
Kapitel 19 „Angststörungen" (S. 296)

🕮 Caspar, Pjanic & Westermann (2018): *Klinische Psychologie:*
Kapitel 6 „Angststörungen" (S. 65–66)

🕮 Davison, Neale & Hautzinger (2007): *Klinische Psychologie:*
Kapitel 6 „Angststörungen" (S. 149–151)

🕮 Füllgrabe (1995): *Stress, Angst, Furchtlosigkeit:* (S. 16–22)

🕮 Kircher (2012): *Kompendium der Psychotherapie:*
Kapitel 10 „Angststörungen: Panikstörung, Agoraphobie, Soziale Phobie" (S. 211)

5.3 Ausgewählte Angststörungen

Mit einer Lebenszeitprävalenz von bis zu 30 % sind Angststörungen die häufigsten psychischen Störungen überhaupt. Frauen sind etwa doppelt so häufig betroffen wie Männer.[18] Dabei dominiert Angst als primäres Leitsymptom das Störungsbild. Für die Diagnosestellung bedeutet das, dass Angst nicht nur ein Begleitsymptom einer anderen psychischen Störung (z. B. PTBS) sein darf. Angststörungen treten häufig komorbid mit Depressionen und Abhängigkeitserkrankungen (insbesondere Alkohol und Medikamente) auf.

18 Z. B. Jacobi et al. (2014).

Tabelle 3: Ausgewählte Angststörungen im Überblick[19]

Angststörung	Beschreibung
Soziale Phobie	Angst vor Situationen, die mit der Anwesenheit von Menschen verbunden sind (z. B. vor anderen essen, vor Publikum reden, öffentliche Toiletten aufsuchen), weil dadurch eine negative Bewertung der eigenen Person (z. B. etwas Lächerliches tun) möglich wäre. Personen mit sozialer Phobie meiden Situationen, wo sie das Zentrum der Aufmerksamkeit stehen, da sie befürchten, sich „peinlich" zu verhalten.
Spezifische Phobie	Angst vor spezifischen Objekten oder Situationen, die keine objektive Gefahr darstellen: Tiere (z. B. Spinnen, Schlangen), Gegenstände (z. B. Spritzen, Blut), Situationen (z. B. geschlossene Räume, Aufzugfahren), Umwelt (z. B. Höhe, Wasser)
Agoraphobie	Angst vor weiten, öffentlichen Plätzen bzw. Angst, keine Fluchtmöglichkeit oder Hilfe zu haben, wenn man behindert wird (Angst muss in mind. 2 Situationen auftreten: z. B. vor Menschenmengen, öffentlichen Plätzen, Reisen mit weiter Entfernung von Zuhause, Reisen alleine)
Panikstörung	Unerwartete, unerklärliche und wiederholte **Panikattacken** mit plötzlichem Auftreten heftiger **physiologischer Symptome** (z. B. Atemnot, Übelkeit, Beklemmungsgefühle, Schwindel, schneller Herzschlag, Zittern) sowie Gefühlen von drohendem Unheil oder starker Besorgnis (z. B. Angst, Kontrolle oder Verstand zu verlieren oder Todesangst) (Dauer oft nur wenige Min.) → häufig Angst vor der Angst (Erwartungsangst). Sekundär tritt häufig Angst vor Kontrollverlust, Angst zu sterben oder wahnsinnig zu werden auf. Gelegentlich begleitet von Agoraphobie oder bei PTBS
Generalisierte Angststörung	Frei flottierende, ständige Angst, ohne diese kontrollieren zu können oder anhaltendes Gefühl der Besorgnis, häufig über belanglose Dinge

Im Unterschied zu Panikstörungen und generalisierten Angststörungen (= Ängste ohne spezifische situationale Auslöser) bezieht sich die unbegründete Angst bei Phobien also auf ein bestimmtes Objekt oder eine bestimmte Situation, die in der Konsequenz mit allen Mitteln gemieden wird (= situations- und auslöserbezogene Ängste). Der Leidensdruck bei Angststörungen geht weniger von der Angst selbst aus, sondern vielmehr von der daraus resultierenden beeinträchtigen Lebensführung. Das Ausmaß derselben variiert zwischen den einzelnen Angststörungen.

Angststörungen können in der Regel gut psychotherapeutisch (im Einzelfall auch in Kombination mit Medikamenten) behandelt werden, z. B. mit verhaltenspsychotherapeutischen Verfahren wie der Exposition oder Desensibilisierung in Kombination mit Entspannungstechniken.

19 Modifiziert nach Davison, Neale & Hautzinger, 2007, S. 151.

🕮 Caspar, Pjanic & Westermann (2018): *Klinische Psychologie:*
Kapitel 6 „Angststörungen" (S. 65–66)

🕮 Davison, Neale & Hautzinger (2007): *Klinische Psychologie:*
Kapitel 6 „Angststörungen" (S. 151–168)

5.4 Polizei und Angststörungen

Allein aufgrund der weiten Verbreitung von Angststörungen in der Allgemeinbevölkerung werden Polizeibeamte mit hoher Wahrscheinlichkeit bei Bürgerkontakten, aber auch im Umgang mit Tätern oder Opfern von Straftaten, ggf. aber auch im Kollegenkreis mit verschiedenen Auftretensformen und Schweregraden von Angsterkrankungen konfrontiert werden. So könnten beispielsweise bestimmte schwerwiegende Einsätze (z. B. mit Schwerverletzten, Leichen) phobische Entwicklungen (z. B. spezifische Phobie oder agoraphobe Symptomatik) auslösen oder aber eine bereits länger bestehende phobische Symptomatik wird im Polizeidienst erst zum Problem, da die Objekte/Situationen nicht mehr (so leicht) gemieden werden können. Hermanutz, Stenzel und Rief (2012) berichten exemplarisch in diesem Zusammenhang von einem jungen Polizeibeamten, der sich nach der Erste-Hilfe-Leistung bei einer leicht verletzten Person im Rahmen seiner ersten Unfallaufnahme „wie gelähmt" (S.27) fühlt und in der Folge immer ungern und mit ambivalenten Gefühlen zu einem Unfall fährt. Er hatte eine Angst entwickelt, die Kontrolle bei Konfrontation mit Blut und Verletzungen zu verlieren und bevorzugte es bei Unfalleinsätzen in der Folge, die Regelung des Verkehrs zu übernehmen oder Spuren zu sichern (= Vermeidung des Angstauslösers). Die Angst vor Blut bestand schon seit seiner Kindheit, wurde aber erst im Polizeidienst aktuell, da es nun nicht mehr so leicht war, die Ansicht von Blut zu umgehen. Angsterkrankungen können bei betroffenen Beamten vor dem Hintergrund der vielfältigen Belastungen des Polizeiberufs zu einer Überforderung führen und weitere Probleme nach sich ziehen (z. B. verstärkter Alkoholkonsum zur dysfunktionalen Selbstmedikation).

Relevant können Angststörungen auch im Umgang mit zu verhaftenden Personen werden, die z. B. beim Anlegen von Handschellen oder dem Versuch, sie in den Polizeiwagen zu befördern aufgrund einer Agoraphobie plötzlich heftige derartige Symptome zeigen und deshalb ggf. sogar aggressiv werden. Da eine vorhandene Angststörung des Gegenüber bei polizeilichen Einsätzen in der Regel im Vorfeld unbekannt ist, kann es im Prinzip in vielfältigen Situationen dazu kommen, dass eine betroffene Person plötzlich und (von außen) ohne erkennbaren Grund starke körperliche Symptome zeigt (z.B. Schwitzen, Zittern, Hyperventilieren) oder auf der Verhaltensebene überschießend reagiert. So ist es wichtig ist, derartige Reaktionen einordnen und sie beim Umgang mit der Person entsprechend berücksichtigen zu können, um deren Ängste nicht noch zu vergrößern und dadurch z.B. eine heftige Gegenwehr zu erzeugen.

📖 Hermanutz, Stenzel & Rief (2012): Angst (S. 27, 30 u. 32)

📖 Meermann & Okon (2016): Angststörungen (S. 15–17)

Fallbeispiel

Der Patient, ein 34-jähriger Mechaniker, war vom Arzt, den er wegen Schwindelgefühlen und Schlafschwierigkeiten aufgesucht hatte, zur Psychotherapie überwiesen worden. Während des Erstgesprächs war er sichtbar angespannt, [...] schwitzte und zappelte. Seine wiederholten Bitten um Wasser für seinen scheinbar unstillbaren Durst waren ein weiteres Anzeichen seiner extremen Nervosität. Obwohl er zunächst nur von seinen körperlichen Beschwerden berichtete, zeigte sich bald das allgemeinere Bild einer alles durchdringenden Angst. Er fühle sich, so erzählte er, nahezu immer angespannt, habe Angst, dass ihm bei der Arbeit oder wenn er mit anderen zusammen war, ein Unglück geschehe. Seine seit Langem bestehenden ständigen Sorgen hatten ihm Schwierigkeiten im Umgang mit anderen Menschen, ja sogar bei der Arbeit, eingetragen. Er berichtet von ständigen Grübeleien, z.B. ob er gesund sei, was irgendeine körperliche Beschwerde wohl bedeutet, doch auch von Sorgen, zu Verabredungen zu spät zu kommen, Abfahrtszeiten von Zügen zu verpassen oder eine breite Straße zu überqueren. Diese Sorgen machen ihn ständig nervös, angespannt und zu einem „unerträglichen" Menschen (so seine frühere Ehefrau).

Aus Davison, Neale & Hautzinger (2007), S. 175

Übungsaufgaben

5.1 Um welche Angststörung handelt es sich im Fallbeispiel des Mechanikers? Warum? Welche typischen Kennzeichen pathologischer Angst liegen bei ihm vor?

5.2 Worin unterscheiden sich die Angststörungen? Welche Angststörungen werden von den Betroffenen sehr wahrscheinlich als besonders einschränkend erlebt? Bei welchen könnte der Leidensdruck geringer sein? Warum?

5.3 Inwiefern könnten Angststörungen für Polizeibeamte relevant sein?

6 Affektive Störungen

Bei affektiven Störungen handelt es sich um eine unvorhersehbare **Veränderung der Stimmungslage**, die in Intensität und Dauer anhält und die Stimmung schließlich nicht mehr situationsangemessen ist. So kommt es für die Betroffenen insbesondere zu persönlichem Leid, aber auch zur Beeinträchtigung sozialer Funktionen. Depressionen, die vorwiegend durch starke Traurigkeit und Niedergeschlagenheit gekennzeichnet sind, machen mit 66 % den größten Anteil an allen affektiven Störungsdiagnosen aus. Eine Manie kennzeichnet sich im Gegensatz zur Depression durch Hochstimmung und Hyperaktivität, die bis hin zur erhöhten Reizbarkeit reichen kann, und ist mit 8 % die seltenste Diagnose unter den affektiven Störungen. Wechseln sich die Symptome von Depression und Manie ab, handelt es sich um eine **bipolare affektive Störung**. Bipolare Störungsbilder machen 26 % der Diagnosen affektiver Störungen aus. Weitere in der ICD-10 klassifizierte spezifische affektive Störungen sind die **rezidivierende depressive Störung** (= wiederholte depressive Episoden) sowie die **anhaltende affektive Störung** (= anhaltende Stimmungsstörung ohne große Ausschläge), die entweder als Zyklothymia (Stimmungsschwankungen wie bei der bipolaren affektiven Störung, aber nicht so starke Ausschläge, über einen Zeitraum von mindestens zwei Jahren) und Dysthymia (Stimmungstief über einen Zeitraum von mindestens zwei Jahren, aber nicht so ausgeprägt wie bei der depressiven Episode).

📖 Davison, Neale & Hautzinger (2007): *Klinische Psychologie:*
Kapitel 10.1 „Allgemeine Merkmale affektiver Störungen" (S. 307–314)

📖 Wittchen & Hoyer (2011): *Klinische Psychologie & Psychotherapie:*
Kapitel 39 „Bipolare Störungen" (S. 858–864)

6.1 Depression

6.1.1 Was ist eine Depression?

Depression ist eine Störung des gesamten Organismus, sodass sich die Symptome von Person zu Person sehr unterschiedlich und auf verschiedenen Ebenen äußern können. Am deutlichsten zeigen sich wohl meistens die *emotionalen Symptome* von **Traurigkeit** und **Niedergeschlagenheit.** Hinzukommen können Gefühle von Schuld, Leere, Verzweiflung, Ängstlichkeit,

Reizbarkeit sowie der Verlust des Selbstwertgefühls bzw. des Selbstwertvertrauens. Typisch für Depressionen sind außerdem *motivationale Defizite*, wie der **Verlust von Interesse und Freude an fast allen Tätigkeiten**, Antriebslosigkeit und Energieverlust. In der Konsequenz kommt es zu *verhaltensbezogenen Symptomen*, wie einer geringen Aktivitätsrate, verlangsamter Sprache und Motorik, einer kraftlosen Körperhaltung, der Vermeidung von Blickkontakt, sozialem Rückzug, starrer bzw. trauriger Mimik und häufigem Weinen bis hin zu Suizidhandlungen, aber unter Umständen auch nervöser Unruhe. Auch auf *kognitiver Ebene* leiden Betroffene, z. B. unter Selbstzweifeln oder Zweifeln an der Umgebung und der Zukunft, Grübeln, übermäßiger Besorgnis, Pessimismus, oder sonstigen negativen Gedanken und Einstellungen bis hin zu Suizidgedanken. Des Weiteren kann es auch zu Konzentrations-, Entscheidungs- oder Gedächtnisproblemen kommen. Ferner zeigen sich auch *körperliche Symptome* (z. B. Appetit- bzw. Gewichtsverlust, Schlafstörungen, Müdigkeit, Libidoverlust, Magen- oder Kopfschmerzen). Wenn einige dieser vielfältigen Symptome an den meisten Tagen über einen Zeitraum von zwei Wochen vorliegen, spricht man von einer depressiven Episode. Wichtig für die Diagnosestellung ist jedoch, dass das Störungsbild nicht durch eine einfache Trauerphase zu erklären ist (z. B. halten Symptome nach dem Verlust eines geliebten Menschen länger als zwei Monate an). Die depressive Episode kann gemäß ICD-10 in verschiedene Schweregrade eingeteilt werden (leicht, mittelgradig und schwer). Insbesondere bei Vorliegen einer schweren depressiven Episode ist auf mögliche Suizidabsichten des Betroffenen zu achten.

6.1.2 Entstehung von Depressionen

Die Entstehung einer Depression ist mit einer Reihe von **biologischen Risikofaktoren** verbunden. So steigt bis 65 Jahre das Risiko für eine Depression mit zunehmendem Erwachsenenalter an und Frauen sind etwa doppelt so häufig von Depressionen betroffen wie Männer. Auch Kinder, deren Eltern depressiv waren, haben ein erhöhtes Erkrankungsrisiko. Neben dieser genetischen Disposition gehören zu den biologischen Risikofaktoren außerdem z. B. eine erhöhte Aktivität der Hypothalamus-Hypophysen-Nebennierenrinden-Achse, die zu einer Fehlregulation bei Stress führt, sowie Störungen der Neurotransmission (z. B. aufgrund einer veränderten Struktur der Serotoninrezeptoren) und anderer neuronaler Funktionen. Andere psychische und körperliche Erkrankungen, insbesondere Angststörungen und schwerwiegende Erkrankungen in der frühen Kindheit (z. B. bestimmte Viruserkrankungen) bergen ebenfalls ein erhöhtes Risiko, eine Depression zu entwickeln. In der frühen Kindheit können außerdem aversive Lebenserfahrungen und Traumata die spätere Vulnerabilität für Depressionen steigern und so als **psychosoziale Risikofaktoren** wirken (z.B. Vernachlässigung; Missbrauch, Verlusterfahrungen). Kritische Lebensereignisse im Erwachsenen (z.B. Trennung oder Verlust des Partners, Arbeitslosigkeit, aber auch positive Ereignisse wie Eheschließung) können dagegen als Auslöser zum Ausbruch der Depression führen, insbesondere wenn zusätzlich effiziente Bewältigungsstrategien (z.B. Umdeuten, Verdrängen) fehlen oder starre, unflexible Kognitions- und Handlungsmuster vorliegen (z.B. hohes Anspruchsdenken, Abhängigkeit von anderen). Weitere psychosoziale Risikofaktoren sind ein geringer sozioökonomischer Status oder das Vorliegen bestimmter Persönlichkeits- bzw. Temperamentseigenschaften (z.B. Verhaltenshemmung, Affektlabilität). Den multifaktoriellen Entstehungsbedingungen von Depression entsprechend empfiehlt sich zur Behandlung einer stark ausgeprägten Depression eine Kombination aus Pharmakotherapie (d.h. Einnahme von Medikamenten) und Psychotherapie (z.B. Vermeidung kritischer Lebensereignisse, Korrektur ungünstiger kognitiver Muster, Behebung von Verhaltensdefiziten).

Aldenhoff (1997) hat gemäß dem Verlauf von depressiven Störungen ein **psychobiologisches Phasenmodell** zur Entstehung von Depressionen formuliert, indem sich die genannten sozialen, psychologischen und biologischen Risikofaktoren ergänzen. Denn der Verlauf einer Depression geschieht episodisch, also in Phasen, kann im Einzelnen aber sehr variabel sein (z.B. Episoden gehäuft in kurzer Zeit vs. nur vereinzelte Episoden mit jahrelanger Symptomfreiheit dazwischen). Eine Depression beginnt nach Aldenhoff (1997) schon mit einem frühkindlichen *psychosozialen oder biologischen Trauma*. Zur Anpassung an dieses Trauma kommt es zu neurobiologischen Veränderungen (*biologisches Priming*), die sich wiederum auf die Persönlichkeit als auch Lebensumstände auswirken (z.B. Studienabbruch, Trennung vom Partner). Gemäß dem schleichenden Beginn einer Depression bleibt dieser Anpassungszustand jedoch lange unerkannt (*Latenzphase*). Spätere psychologisch oder biologisch aversive Lebensereignisse *reaktivieren* das biologische Priming und es kommt zu *ersten unterschwelligen affektiven Symptomen*. Nach einer inadäquaten Bewältigung kommt es zu einer *erneuten Latenzphase*, bis die erste wahrhaftige *depressive Episode* ausgelöst wird. Aufgrund der inzwischen hohen psychobiologischen Anfälligkeit des Betroffenen reichen dafür schon geringfügig aversive Lebensereignisse aus. Eine Episode dauert unbehandelt meist 3 bis 4 Monate an, damit die Symptome vollständig abgeklungen sind und die frühere Leistungsfähigkeit wieder erreicht wird. Wie Aldenhoffs (1997) Modell beschreibt, ist eine einzelne Episode aber recht selten. Etwa ein Drittel der

Depressiven erleben wiederkehrende Episoden und ein weiteres Drittel entwickelt trotz Therapie eine chronische Depression, denn mit jeder weiteren Episode steigen sowohl Dauer und Schwere der einzelnen Episoden als auch das Chronizitätsrisiko deutlich.

Kognitive Theorien wie die **Kognitive Triade** (Beck, 1967) fokussieren dagegen auf *ungünstige Denkverzerrungen* bei der Entstehung der negativen Emotionen bei Depressionen. So führen aversive Lebenserfahrungen in der Kindheit oder Jugend zum Erwerb negativer Ansichten über sich selbst, die Umwelt und die Zukunft (z. B. Überzeugung, nicht gut genug zu sein). In späteren Situationen, die an diese aversiven Erfahrungen erinnern, werden diese Ansichten aktiviert und es kommt zu Denkverzerrungen, also Fehlwahrnehmungen und -schlüssen, die die negativen Ansichten wiederum bestätigen. Typische Denkverzerrungen sind z. B. willkürliche Schlüsse ohne stützende Beweise, selektive Schlüsse auf Grundlage nur einzelner Merkmale der Situation, allgemeine Schlüsse aufgrund eines einzelnen Ereignisses oder die Überbewertung negativer und Unterbewertung positiver Ereignisse.

6.1.3 Polizei & Depressionen

Das Risiko, irgendwann im Laufe des Lebens an mindestens einer depressiven Episode zu leiden, ist in den letzten Jahrzehnten stetig angestiegen und liegt mittlerweile bei über 20 %. Damit gehören Depressionen weltweit zu den häufigsten psychischen Störungen. Etwa 40 bis 80 % der Betroffenen haben Suizidgedanken, 20 bis 60 % begehen mindestens einen Suizidversuch und etwa 15 % allein der Personen mit schweren Depressionen begehen erfolgreich Suizid. Die Suizidrate ist bei älteren Personen und Männern zwar höher, Frauen unternehmen jedoch mehr Suizidversuche. In besonders schweren Fällen kann es auch zum erweiterten Suizid kommen (z. B. depressives Elternteil bringt vor der Selbsttötung die Kinder um). Im Umgang mit Depressiven sollten Polizeibeamte daher besonders auf eventuelle Suizidabsichten achten und diese gegebenenfalls genauer erörtern, um die akute Gefährdung besser abschätzen zu können. Eine erhöhte Suizidgefahr besteht z. B., wenn der Selbstmord detailliert geplant wird (z. B. Festlegung von Ort, Zeit und Art, Beschaffung notwendiger Materialien), wenn zusätzlich psychotische Symptome bestehen oder illegale Substanzen konsumiert werden oder wenn in der Vergangenheit schon Suizidversuche unternommen wurden oder andere Familienmitglieder sich schon selbst getötet haben. Bei akuter Suizidgefahr gilt es, die Betroffenen in Zusammenarbeit mit medizinischem Personal in die nächstgelegene psychiatrische Einrichtung zu überführen.

Fremdaggressives Verhalten gegen die Polizeibeamten ist bei depressiven Personen seltener zu erwarten, kann aufgrund der enormen Verzweiflung oder momentaner Erregungszustände der Betroffenen dennoch nicht ausgeschlossen werden (Autoaggression kann z.B. in Fremdaggression umschlagen).

Fallbeispiel

Frau M., eine 57-jährige Geschäftsfrau in leitender Position, stellt sich aus eigener Initiative zur Behandlung vor, weil sie seit einigen Wochen ihren Alltag nicht mehr bewältigen könne. Sie berichtet, dass sie bereits in den frühen Morgenstunden aufwache und dann innerlich angespannt und unruhig im Zimmer ständig auf und ab laufe. Sie fühle sich den ganzen Tag über schlecht, aber am frühen Morgen ginge es ihr am schlimmsten – sie denke dann sogar zeitweise daran, sich das Leben zu nehmen. Frau M. gibt an, 8–10 kg abgenommen zu haben. Ihre Mimik ist starr. Sie wirkt interessen- und freudlos. Sie klagt auch darüber, dass sie ihren Humor verloren habe, der in ihrem Leben normalerweise eine Stütze gewesen sei. Wenn ihre Enkelkinder sie besuchen, müsse sie sich regelrecht zu einem Lächeln zwingen. Sie fühle sich innerlich leer und energielos und schaffe es nicht mehr wie früher, mit den Kindern zu spielen. Frau M. schildert darüber hinaus starke Schuldgefühle, die nicht bizarrer oder wahnhafter Natur sind. Sie fühle sich als totale Versagerin in allen Bereichen – in der Arbeit, als Ehefrau und Großmutter. Sie glaubt, ihre Firma und ihre Familie im Stich zu lassen und entschuldigt sich ständig dafür, dass es ihr immer noch nicht besser gehe. Auf die Frage nach ihrer allgemeinen Stimmung beschreibt sich Frau M. als »innerlich tot«. Obwohl sie schon viele depressive Episoden erlebt habe, sei es zuvor niemals so schlimm gewesen. Selbst nach dem Tod ihres Vaters, zu dem sie ein sehr enges Verhältnis hatte, sei es ihr nicht so schlecht gegangen. Frau M. falle es sehr schwer, ihre Gefühle zu beschreiben, und sie leide unter einem schrecklichen emotionalen Schmerz, den sie mit Worten kaum ausdrücken könne. Aus der Vorgeschichte geht hervor, dass Frau M. mehrere depressive Episoden hatte, die von relativ kurzer Dauer waren und maximal nach 3–6 Wochen wieder vollständig ohne Medikation oder Hospitalisierung remittierten. Als Auslöser für diese Episoden konnte Frau M. jeweils psychosoziale Stressereignisse benennen. Ähnlich entwickelte sich auch die aktuelle depressive Episode nach einer geschäftlichen Niederlage. Allerdings trat diesmal keine Besserung nach der Stabilisierung der geschäftlichen Situation ein, sondern eine zunehmende Verschlechterung, die das gesamte Leben von Frau M. überschattete. Innerhalb von 6 Wochen war es Frau M. nicht mehr möglich, ihren Berufs- und Freizeitaktivitäten nachzugehen. Sie lag den ganzen Tag teilnahmslos im Bett.

Aus Wittchen & Hoyer (2011), S. 880

🕮 Hautzinger & Thies (2009): *Klinische Psychologie: Anwendungsbereich Psychische Störungen:*

Kapitel 7.2.2 „Kognitive Theorien der Depression" (S. 68–69)

📖 Petermann & Reinecker (2005): *Handbuch der Klinischen Psychologie und Psychotherapie:*

Kapitel VI „Ausgewählte Störungsbilder – Erwachsene" (S. 454–457)

📖 Wittchen & Hoyer (2011): *Klinische Psychologie & Psychotherapie:*

Kapitel 40 „Depressive Störungen: Major Depression und Dysthymie" (S. 880–893)

Übungsaufgaben

6.1.1 Welche typischen Symptome der Depression zeigt die Geschäftsfrau im Fallbeispiel? Ordnen sie die auftretenden Symptome den verschiedenen Ebenen (körperlich, emotional, kognitiv, motivational und verhaltensbezogen) zu.

6.1.2 Welche weiteren Berührungspunkte zwischen Depressiven und Polizeibeamten, vor allem in Hinblick auf die Entstehungsbedingungen der Depression, können Sie sich vorstellen?

6.1.3 Welche Risikofaktoren könnten das Auftreten von Depressionen bei PolizeibeamtInnen begünstigen?

6.2 Manie

6.2.1 Was ist eine Manie?

Die Manie als Pendant zur Depression zeigt sich ebenfalls durch eine Reihe von emotionalen, kognitiven, motivationalen, körperlichen und verhaltensbezogenen Symptomen, die von Fall zu Fall in Verlauf und Symptomatik zwar stark variieren können, fast immer jedoch zu massiven sozialen und beruflichen Beeinträchtigungen führen. Auf *emotionaler Ebene* fällt vor allem die heitere, **gehobene** bis hin zur **euphorischen**, überzogenen **Stimmung** (z.B. lustig, sorglos, angstfrei) aber auch die **erhöhte Reizbarkeit** (z.B. alles geht den Betroffenen auf die Nerven) auf. Auch auf *motivationaler Ebene* sprühen Betroffene vor Energie und zeigen einen stark erhöhten Antrieb sowie ein gesteigertes Interesse an vor allem angenehmen Aktivitäten, die aber oft negative Konsequenzen nach sich ziehen (z.B. unbedachte Geldausgaben). Die *kognitiven Symptome* reichen von Optimismus, positiven Sichtweisen der eigenen Person, Fähigkeiten und Zukunft (z.B. Glaube, Berge versetzen zu können) bis hin zur Selbstüberschätzung und Größenideen. Häufig bestehen Gedankenrasen sowie eine erhöhte Entscheidungsfreudigkeit (z.B.

spontane, eigenmächtige Entscheidungen). Im Verhalten schlägt sich dies oft in impulsiven, verantwortungslosen Handlungen (z.B. unüberlegte Kündigung, wechselnde ungeschützte Sexualkontakte) nieder. Weitere *verhaltensbezogene Symptome* sind eine laute, drängende oder konfrontierende Sprache und Rededrang, eine gesteigerte, aber selten zielgerichtete Aktivität, eine aufrechte, gespannte Körperhaltung sowie ein lebendiger Gesichtsausdruck mit übertriebener Mimik. Die Betroffenen sind oft sehr gesellig und haben das Bedürfnis, im Mittelpunkt zu stehen. Dies führt z.B. zu Prahlerei und weniger Hemmungen in der sozialen Interaktion (z.B. aufdringlich sein, andere unterbrechen, beleidigen oder sonstige Dinge sagen bzw. tun, die andere verärgern). *Körperliche Symptome* sind z.B. ein geringeres Schlafbedürfnis, Unruhe, Hektik, Zappeligkeit bzw. Rastlosigkeit. Wie auch bei der Depression kann es zu Appetit- bzw. Gewichtsverlust und Konzentrationsproblemen bzw. leichter Ablenkbarkeit kommen, das sexuelle Interesse ist bei der Manie dagegen gesteigert.

Um von einer manischen Episode sprechen zu können, muss der veränderte Zustand mindestens eine Woche vorliegen. Ab einer Dauer von vier Tagen und bei einer schwächeren Symptomatik spricht man von einer *hypomanen* Episode. Die manischen bzw. hypomanen Episoden können sowohl einzeln als auch wiederkehrend oder auch im Zusammenhang mit psychotischen Symptomen auftreten. Meist treten sie jedoch im Rahmen einer bipolaren affektiven Störung, also im Wechsel mit depressiven Symptomen, auf. Entsprechend sind auch die Entstehungsbedingungen ähnlich wie bei der Depression (z.B. veränderte Neurotransmission, bei der Manie jedoch durch erhöhten Noradrenalinspiegel).

6.2.2 Polizei & Manie

Personen in einer manischen Episode können durch ihr impulsives, verantwortungsloses Verhalten mit dem Gesetz in Konflikt geraten (z.B. alkoholisiertes, riskantes Fahrverhalten). Darüber hinaus kann es im Zusammenhang mit der erhöhten Reizbarkeit und geringen Frustrationstoleranz zu aggressivem Verhalten kommen. Dieses bleibt zwar meist verbal, aber auch z.B. Sachbeschädigungen oder körperliche Gewalt, meist innerhalb der Familie, sind nicht auszuschließen. Besonders bei zusätzlichem Substanzmissbrauch kann es schnell zu Enthemmungen kommen. Im Rahmen des oft grenzverletzenden Verhaltens von Personen während einer manischen Episode kann es auch zu respektlosem Verhalten gegenüber den einschreitenden Beamten kommen. Hier ist zu empfehlen, dies gelassen "hinzunehmen" und vor dem Hintergrund der Störung der Person zu betrachten ohne es persönlich zu nehmen oder darauf einzugehen. So kann eine weitere Eskalation vermieden werden.

Fallbeispiel

Herr S., ein 25-jähriger Schauspieler, hatte sich telefonisch in der Ambulanz gemeldet, um abzuklären, ob Psychotherapie in seinem Fall etwas bringen könne. Seine Mutter hatte ihn darum gebeten, da es in der Familiengeschichte mütterlicherseits mehrere Fälle bipolarer Störungen gab. Er selbst war bereits wegen einer Aufmerksamkeits- und Hyperaktivitätsstörung, Depressionen und Verhaltensstörungen in kinder- und jugendpsychiatrischer Behandlung gewesen. Als er – begleitet von seiner Mutter, die draußen wartete – zum Erstgespräch erscheint, wirkt er sehr selbstbewusst. Er fängt spontan an, seine Lebensgeschichte zu erzählen, wobei er von einem Thema zum anderen springt – von der Schule zum ersten sexuellen Erlebnis über die Ausbildung zum Thema »Mutter und Großmutter«. Herr S. lässt dem Therapeuten kaum Raum für Zwischenfragen und redet ohne Punkt und Komma.

Er wirkt leicht fahrig. Zwischendurch versichert er dem Therapeuten immer wieder, dass er »sich keine Sorgen machen« solle und dass »alles im grünen Bereich« sei. Während seinen Erzählungen, die z.T. sehr prahlerisch wirken und in denen er seine exzellenten Fertigkeiten und Wissen im Bereich Schauspiel und Musicals in Relation zu seinem Alter immer wieder betont, muss er wiederholt spontan lachen. Seine Zukunftspläne erweisen sich hoch gesteckt: Er berichtet einerseits wahrheitsgemäß, er habe erst vor 2 Monaten seine Ausbildung in Deutschland erfolgreich abgeschlossen, andererseits aber auch, dass er davon ausgehe, in »nicht allzu ferner Zukunft im Londoner Westend ein nachgefragter Schauspieler« zu sein, »der sich seine Jobs aussuchen kann«. Auf Nachfragen berichtet er, dass er sich in den letzten Tagen großartig fühlte, voller Energie sei und nur auf Drängen seiner Mutter mithilfe von Schlafmitteln ein paar Stunden pro Nacht schlafe. Motorisch wirkt Herr S. sehr zappelig und unruhig. Er rutscht oft auf seinem Stuhl hin und her und gestikuliert ausgeprägt während seiner Ausführungen. Gegen Ende des Erstgesprächs ist Herr S. bereit, sein gegenwärtiges Verhalten und Befinden »als etwas über dem Strich« zu bezeichnen.

Aus Wittchen & Hoyer (2011), S. 858

🕮 Hautzinger & Thies (2009): *Klinische Psychologie: Anwendungsbereich Psychische Störungen:*

Kapitel 7.2.4 „Biologische Erklärungsansätze für affektive Störungen“ (S. 71)

🕮 Wittchen & Hoyer (2011): *Klinische Psychologie & Psychotherapie:*

Kapitel 39 „Bipolare Störungen“ (S. 858–865)

Übungsaufgaben

6.2.1 Welche typischen Symptome einer manischen Episode zeigt Herr S. aus dem Fallbeispiel? Ordnen sie die auftretenden Symptome den verschiedenen Ebenen (körperlich, emotional, kognitiv, motivational und verhaltensbezogen) zu.

6.2.2 Was sollten Sie als Polizeibeamte im Umgang mit einer Person in manischem Zustand beachten?

7 Alkoholinduzierte Störungen

Substanzinduzierte Störungen entstehen unmittelbar durch den Konsum einer psychoaktiven Substanz. Dabei unterscheidet man zwischen akuten Intoxikationen, Entzugssyndromen und substanzinduzierten psychischen Störungen, die in ihrer Symptomatik den entsprechenden psychischen Störungen ohne Substanzinduktion ähneln (z.B. substanzinduzierter Delir oder substanzinduzierte psychotische Störung). In Deutschland sind insbesondere legale Substanzen wie Alkohol, Medikamente und vor allem Tabak mit der Entwicklung von Störungen verbunden. Bei den illegalen Drogen sind Cannabisstörungen am häufigsten.

📖 Wittchen & Hoyer (2011): *Klinische Psychologie & Psychotherapie:* Kapitel 33 „Störungen durch Substanzkonsum: Eine Einführung" (S. 698–708)

7.1 Alkoholabhängigkeit

7.1.1 Was ist eine Alkoholabhängigkeit?

Problematiken in Zusammenhang mit Alkohol können sich in ganz unterschiedlichen Störungsphänomenen mit jeweils unterschiedlichem Trinkverhalten und daraus resultierenden Folgeschäden manifestieren (z.B. Abhängigkeit, schädlicher Gebrauch/Missbrauch, riskanter Konsum). Die **diagnostischen Kriterien der Alkoholabhängigkeit** in der ICD-10 umfassen **sechs Merkmale**, die sich zum einen auf eine **psychische**, zum anderen auf eine **körperliche Abhängigkeit** beziehen. Von den sechs Merkmalen müssen **mindestens drei gleichzeitig während des letzten Jahres** erfüllt gewesen sein, um von einer Abhängigkeit zu sprechen.

Die psychische Abhängigkeit zeigt sich zum einen (1) in einem starken *Verlangen* bzw. dem Zwang Alkohol konsumieren zu müssen (z.B. anhaltender Wunsch nach Konsum oder erfolglose Versuche, den Konsum zu mindern) und zum anderen (2) in einer *verminderten Kontrolle* über den Beginn, die Beendigung oder die Menge des Konsums (z.B. Konsum findet häufig, in großen Mengen oder über einen längeren Zeitraum statt). Des Weiteren (3) engen sich die Lebensinhalte zunehmend *auf den Konsum ein*, d.h. es wird viel Zeit für die Beschaffung, den Konsum oder die Erholung von Folgen des Konsums aufgewendet und andere berufliche, freizeitliche oder soziale Aktivitäten werden daraufhin eingeschränkt. Die körperliche Abhängigkeit besteht einmal in (4) *Entzugssymptomen*, wenn der Konsum reduziert wird bzw. in einem Konsum, um diese Entzugssymptome zu vermeiden sowie einer (5) *Toleranzentwicklung* (z. B. zunehmende Steigerung der Konsummenge, da bei gleicher Menge die Wirkung inzwischen vermindert ist). In Folge der psychischen und körperlichen Abhängigkeit kommt es zu schädlichen Auswirkungen auf die Gesundheit und Psyche sowie das berufliche und soziale Leben der Betroffenen. Diese Auswirkungen können entweder unmittelbare Folgen der Trinkexzesse (z. B. akute Vergiftungserscheinungen, Führerscheinentzug, körperliche Auseinandersetzungen) oder Folgen des regelmäßig hohen Konsums sein (z. B. Eheprobleme, Arbeitsplatzverlust). Ein weiteres typisches Merkmal einer Abhängigkeit (6) ist, dass der *Konsum* trotz dieser eindeutigen Folgeschäden dennoch *fortgesetzt* wird.

7.1.2 Verlauf der Alkoholabhängigkeit

Da sich ein eine Abhängigkeitsstörung auf verschiedene Arten zeigen kann, hat Jellinek (1960) fünf verschiedene Typen von männlichen Alkoholabhängigen beschrieben (bei Frauen entwickeln sich Alkoholabhängigkeit und körperlichen Folgen schneller): Der **Konflikttrinker (Alpha-Typ)** trinkt in bestimmten Situationen zur Erleichterung bei Belastungen, da er keine alternativen Bewältigungsstrategien besitzt. Es handelt sich also um eine psychische Abhängigkeit. Beim **Gelegenheitstrinker (Beta-Typ)** liegt im eigentlichen Sinne keine Abhängigkeitsstörung vor, da er weder psychisch noch körperlich abhängig ist. Bei ihm zeichnen sich aber schon ernste gesundheitliche Folgen ab. Der **Rauschtrinker (Gamma-Typ)** ist dagegen sowohl psychisch als auch körperlich abhängig, die psychische Abhängigkeit ist aber stärker ausgeprägt. Denn der Rauschtrinker schafft es trotz bester Vorsätze nicht, nur kleine Mengen zu trinken. Sein Konsum ist unkontrolliert und endet meist in einem mehr oder weniger starken Rausch. Er hat jedoch auch immer wieder Phasen des unauffälligen Konsums. Der **Spiegeltrinker (Delta-Typ)** trinkt zwar nicht unkontrolliert, dagegen aber regelmäßig über den Tag verteilt, um seine Blutalkoholkonzentration (BAK) nie unter einen bestimmten Pegel sinken zu lassen, da er sonst Entzugserscheinungen hat. Rauschsymptome zeigt er dabei keine, da die Alkoholtoleranz inzwischen zu hoch ist. Bei ihm liegt daher im Vergleich zur psychischen eine stärker ausgeprägte körperliche Abhängigkeit vor. Demgegenüber ist der **Periodische Trinker (Epsilon-Typ)** stärker psychisch abhängig. Trotz zwischenzeitlich monatelanger Abstinenz oder zumindest unauffälligem Konsum treten immer wieder Phasen des heftigen, unkontrollierten Konsums auf, ohne dass sich der periodische Trinker eines Auslösers dafür bewusst ist.

Jellineks (1960) zwar vereinfachte, die vielen Gesichter der Alkoholabhängigkeit keinesfalls erschöpfend abbildende Typologie, zeigt dennoch wie unterschiedlich eine Alkoholabhängigkeit verlaufen kann: Von einer zunehmenden Verschlechterung bis hin zum sozialen Abstieg über ein Pendeln zwischen Trinkphasen und kontrolliertem Konsum bzw. völliger Abstinenz (vgl. Rauschtrinker, periodische Trinker) reichen die verschiedenen Verläufe bis hin zum spontanen Ende der Abhängigkeit. Solch eine Spontanremission tritt etwa in 20 % der Fälle ein und ist vor allem abhängig von den sozialen Ressourcen des Betroffenen. Bei ca. 43.000 Menschen pro Jahr in Deutschland verläuft der Alkoholkonsum aufgrund der Folgen jedoch tödlich.

📖 Bundesministerium für Gesundheit (2009): *Handbuch Alkohol – Österreich:*

Kapitel 3.4.1 „Definition von „Alkoholkrankheit“ und Alkoholismustypologie nach Jellinek (1960)“ (S. 74–75)

📖 Wittchen & Hoyer (2011): *Klinische Psychologie & Psychotherapie:*

Kapitel 33 „Störungen durch Substanzkonsum“ (S. 698–701)

Kapitel 35 „Alkoholmissbrauch und -abhängigkeit“ (S. 745–757)

7.1.3 Entstehung von Alkoholabhängigkeit

7.1.3.1 Biopsychosoziale Risiko- und Schutzfaktoren

Das Alter beim erstmaligen Konsum von Alkohol liegt meist zwischen 12 und 18 Jahren, also in einer von Jugendlichen hochvulnerablen Entwicklungszeit für psychische Störungen. Im weiteren Verlauf geht die Entstehung einer Alkoholabhängigkeit dann auf ein komplexes Wechselspiel von biologischen, psychischen und sozialen Risiko- und Schutzfaktoren zurück.

Biologische Risikofaktoren sind z. B. eine genetische Veranlagung für Defekte im Neurotransmittersystem oder eine hohe Verträglichkeit für Alkohol. Auf psychischer Ebene steigern z. B. das Fehlen effizienter Bewältigungsstrategien oder frühes deviantes bzw. delinquentes Verhalten den Anreiz für Alkoholkonsum und damit langfristig das Risiko für eine Alkoholabhängigkeit. Auch wenn andere psychische Störungen bestehen, hat das oft aus Mangel an adäquaten Bewältigungsformen Probleme im Zusammenhang mit Alkohol zur Folge (hohe Komorbiditätsrate von Alkoholabhängigkeit und anderen psychischen Störungen). Ungünstige suchtbezogene Grundannahmen wirken sich ebenfalls negativ auf die Entwicklung und Aufrechterhaltung einer Alkoholabhängigkeit aus (z. B. „Alkohol ist die einzige Möglichkeit mich besser zu fühlen“, geringe Zuversicht bzgl. Abstinenz).

Bei der Entwicklung einer Alkoholabhängigkeit spielen aber vor allem soziale Risikofaktoren eine Rolle. So können ungünstige Konsummuster innerhalb der Familie oder der Bezugsgruppe vor allem während der Pubertät als soziale Modelle fungieren und sozialen Druck für den Konsum aufbauen. Weiterhin sind inkonsequente Erziehungsstile sowie eine leichte Verfügbarkeit der Substanz und ungünstige Trinkkulturen und -sanktionen in der Gesellschaft mit der Entwicklung von Abhängigkeiten verbunden. Langfristig betrachtet führt ein missbräuchlicher Umgang mit Alkohol selbst zu sozialen Folgeschäden, die aufgrund mangelnder alternativer Umgangsformen den Alkoholkonsum weiter steigern. Ein Teufelskreis entsteht. Schutzfaktoren wie z. B. eine hohe Selbstwirksamkeitserwartung (Überzeugung, dass die eigenen Handlungen auch zu einem Effekt führen, also erfolgreich sind), eine hohe Risikowahrnehmung, gute kommunikative Fähigkeiten, soziale Unterstützung bei Krisen und eigene Bewältigungsmechanismen bzw. eine hohe Widerstandsfähigkeit bei Stress können dagegen das Risiko für eine Alkoholabhängigkeit senken.

7.1.3.2 Phasenmodell (Jellinek, 1952)

Gemäß den Symptomen und typischen Verhaltensweisen von Alkoholabhängigen hat Jellinek (1952) neben den Abhängigkeitstypen auch ein Phasenmodell zur Entstehung der Störung formuliert. Die Phasen müssen im Einzelnen jedoch nicht alle durchlaufen werden und können unterschiedlich lange dauern. Das Modell macht aber deutlich, wie die Folgeschäden der Abhängigkeit im Verlauf der Störung immer weiter zunehmen. Nach Jellinek (1952) beginnt die Abhängigkeit mit einem gelegentlichen oder dauerhaften Erleichterungstrinken während der **voralkoholischen Phase**. Alkohol wird zunehmend dazu eingesetzt, Spannungen abzubauen und Probleme zu bewältigen, sodass die Trinkhäufigkeit steigt. Die Betroffenen sind aber noch weitestgehend sozial motiviert. In der **Prodromalphase** verändert sich das Trinkverhalten dagegen hin zu einem heimlichen Trinken in Verbindung mit Schuldgefühlen. Erste Gläser werden gierig getrunken und infolge von Rauschzuständen kommt es immer wieder zu „Filmrissen". Die Alkoholtoleranz steigt und das Denken engt sich zunehmend auf Alkohol ein. In der **kritischen Phase**, dem Stadium des Zwangstrinkens, versuchen die Betroffenen oft mit Abstinenz gegen ihren Alkoholismus anzukämpfen, greifen am Ende aber doch immer wieder zur Flasche. Denn wenn nicht getrunken wird, kommt es zu körperlichen Entzugserscheinungen. Andere Interessen werden zugunsten des Alkoholkonsums vernachlässigt (z. B. Vernachlässigung angemessener Ernährung, Abnahme der sexuellen Lust) und die Betroffenen haben die Kontrolle über ihr Trinkverhalten verloren (z. B. morgendliches Trinken, Vorräte bunkern). Es folgen Selbstmitleid und Selbstvorwürfe sowie Konflikte mit Familie, Freunden oder am Arbeitsplatz (z. B. Widerstand gegen Vorhaltungen, Aggression, „alkoholische Eifersucht"). Zudem beginnt sich die Persönlichkeit der Betroffenen zu verändern und erste körperliche Schäden treten auf. In der **chronischen Phase** der Abhängigkeit werden die körperlichen Schäden noch erheblicher und es treten psychische Folgen hinzu (z. B. Beeinträchtigung des Denkens, Angstzustände, alkoholische Psychosen). Zudem kommt es zu einem Einbruch der Toleranz, d. h. geringe Alkoholmengen reichen schon aus, um betrunken zu werden. Dennoch kommt es zu tagelangen Rauschzuständen oder einem permanent erhöhten Alkoholspiegel ohne Auffälligkeiten (vgl. Spiegeltrinker). Alkohol dominiert das Leben und ein Leben ohne Alkohol ist nicht mehr möglich (z. B. In der Not werden auch Ersatzsubstanzen wie Brennspiritus konsumiert). Jellineks bekanntes Phasenmodell, bei dem von einem einheitlichen chronisch-progredienten (dauerhaft fortschreitendem) Verlauf ausgegangen wird, ist wissenschaftlich überholt, da die Verläufe sehr unterschiedlich sind, z. B. auch eine Spontanremission möglich ist.

7.1.3.3 Modell der reaktiven Sucht (Voigtel, 2000)

Voigtel (2000) beschreibt dagegen verschiedene Formen der Sucht. Bei der **reaktiven Sucht** entwickelt sich die Alkoholabhängigkeit, ähnlich wie bei Jellinek (1952), als unangemessene Bewältigungsreaktion auf ein *subjektives Trauma*. Nach Voigtel (2000) können dies entweder, gemäß der klassischen Definition von Traumata, Erlebnisse mit einem individuellen Diskrepanzerleben zwischen der Bedrohung durch die Situation und den eigenen Bewältigungsmöglichkeiten (z. B. Misshandlung, Folter, Vergewaltigung), aber auch alltäglichere als traumatisch erlebte Ereignisse sein (z. B. Scheidung, Tod des Partners, Verlust des Arbeitsplatzes, Mobbing). Wichtig ist, dass infolge des Traumas das Welt- und Selbstverständnis ins Wanken gerät und Gefühle von Verzweiflung und Hilflosigkeit entstehen. Um das Trauma und die entstandenen unerträglichen Gefühle abzuwehren, wird dann *Alkohol konsumiert*, denn die Wirkung des Alkohols vermag die Gefühlslage (zumindest kurzfristig) zu verändern („chemische Selbstmanipulation"). Es resultiert eine *Sucht* bzw. Abhängigkeit, die zusätzlich durch Gewohnheitstrinken aufrechterhalten wird.

7.1.3.4 Neurobiologisches Modell

Alkohol hat zunächst in seiner *akut berauschenden Wirkung* angenehme Effekte auf die Stimmung, indem negative Gefühle wie z. B. Hemmungen und Ängstlichkeit reduziert und positive Gefühle wie z. B. Stimulation und Euphorie angeregt werden. Denn Alkohol stimuliert das sogenannte Belohnungssystem im Gehirn durch eine bis zu 100 % **erhöhte Ausschüttung von Dopamin, Endorphin und Serotonin.** Gleichzeitig hat Alkohol akut eine beruhigende, entspannende Wirkung, indem Alkoholmoleküle im Gehirn zum einen **an Gamma-Aminobuttersäure (GABA)-Rezeptoren andocken** und zum anderen die Signalübertragung durch **Glutamat blockiert** wird (verursacht auch Filmrisse), sodass Erregungszustände reduziert werden. Aufgrund dieser angenehmen Effekte des Alkoholrauschs wird Alkohol insbesondere in Defizitsituationen z. B. zur Vermeidung negativer Gefühle (z. B. bei anderen psychischen Störungen) oder Bewältigung sonstiger Belastungen konsumiert.[20] Das Verlangen nach Alkohol steigt und damit zunehmend auch die Häufigkeit und Menge bis hin zu einem regelmäßigen Konsum. Auch wenn die Gewöhnung nur langsam einsetzt und die kurzfristige berauschende Wirkung von Alkohol immer wieder neu auftritt, kommt es doch allmählich zu einer *Toleranzentwicklung*, verbunden mit einer Reihe von langfristigen neurobiologischen Veränderungen: Trotz regelmäßigen Alkoholkonsums wird immer weniger Endorphin und Serotonin ausgeschüttet. Um dies auszugleichen, **steigt** die **Anzahl der Endorphinrezeptoren und Serotonintransporter** im Belohnungssystem. Dies führt zum einen zu negativen Gefühlen (z. B. depressive Stimmung, verminderte Entspannung) und hat zum anderen ein weiter verstärktes Verlangen nach Alkohol zur Folge. Gleichzeitig **sinkt die Anzahl von Dopamin- und GABA-Rezeptoren** als Antwort auf die erhöhte Dopaminausschüttung bzw. GABA-Stimulation durch regelmäßigen Alkoholkonsum. Zur Kompensation der blockierten Signalübertragung von Glutamat **steigt** auch die **Anzahl der Glutamatrezeptoren**. Es kommt zu einer Übererregung des Nervensystems, Entzugserscheinungen treten auf. Die einst angenehme Wirkung von Alkohol lässt also zunehmend nach und es muss bis zu doppelt so viel für einen erneut positiven Rauschzustand konsumiert werden.

Infolge des langfristigen, übermäßigen Alkoholkonsums bildet sich außerdem das sogenannte *Suchtgedächtnis* aus. Der Betroffene hat in der Vergangenheit gelernt, die Einnahme von Alkohol insbesondere in bestimmten Situationen (z. B. Orte, Situationen, Tageszeiten, Personen) mit der Stimulation des Belohnungssystems zu verknüpfen. Das heißt, bei Abhängigen folgen auf bestimmte Auslösesituationen nicht der willentlichen Kontrolle unterliegende neurophysiologische Reaktionen (die neuronalen Aktivitäten fokussieren aufgrund einer entstandenen Hypersensitivität des Beloh-

20 vgl. Jellinek (1952); Voigtel (2000).

nungssystems gegenüber der Anreizwirkung von Alkohol und alkoholspezifischen Auslösereizen auf diese, die Belohnung ankündigenden Reize). Das Gehirn erwartet sozusagen Alkohol und dessen positive Effekte. Bleibt in diesen Situationen der Konsum aus, regelt das Gehirn dagegen und es kommt zu Entzugserscheinungen. Werden dagegen nur geringe Mengen Alkohol konsumiert oder kommt es zum Kontakt mit alkoholassoziierten Reizen (z. B. Anblick einer Flasche Bier), führt dies schon zu einer **verstärkten Dopaminausschüttung**. Das Verlangen nach mehr wird sofort ausgelöst und der Betroffene verliert die Kontrolle über seinen Konsum. Dies erklärt unter anderen das hohe Rückfallrisiko bei Alkoholabhängigkeit (über 50 % der Abhängigen erleiden mindestens einen Rückfall).

7.1.4 Behandlung der Alkoholabhängigkeit

Alkoholabhängige haben nur eine mangelnde Problemeinsicht, sodass sich ihre Motivation zur Behandlung meist erst bei starkem Druck von außen entwickelt. Für eine erfolgreiche Behandlung ist es aber wichtig, das Gesundheitswesen zu nutzen. Dabei wird durch einen meist stationären Entzug zunächst die körperliche Abhängigkeit behandelt. Folgende psychotherapeutische Maßnahmen haben dann den Aufbau einer stabilen Abstinenz zum Ziel (z. B. Problemeinsicht und Veränderungsmotivation aufbauen, soziale Defizite aufarbeiten, rückfallkritische Situationen erkennen und bewältigen lernen). Dazu eignet sich am besten eine kognitive Verhaltenstherapie. Zum Erhalt der Umgestaltung des Lebensstils erfolgt eine Nachsorge, oft unter Einbezug der Familie (z. B. Selbsthilfegruppen, ambulante Psychotherapie).

📖 Deutschenbaur & Walter (2014): *Neurobiologische Effekte von Alkohol* (S. 4–10)

📖 Petermann & Reinecker (2005): *Handbuch der Klinischen Psychologie und Psychotherapie:*
Kapitel VI „Ausgewählte Störungsbilder – Erwachsene" (S. 422–428)

📖 Tölle & Windgassen (2012): *Psychiatrie einschließlich Psychotherapie:*
Kapitel 13.2 „Alkoholabhängigkeit" (S. 146)

📖 Voigtel (2000): *Formen der Sucht* (S. 40–43)

📖 Wittchen & Hoyer (2011): *Klinische Psychologie & Psychotherapie:*
Kapitel 35 „Alkoholmissbrauch und -abhängigkeit" (S. 751–759)

7.2 Schädlicher Gebrauch von Alkohol (Alkoholmissbrauch)

Von einer Abhängigkeit ist der **schädliche Gebrauch** (ICD-10) (bzw. früher **Missbrauch** im DSM-IV), ohne dass eine Abhängigkeit besteht, abzugrenzen. Dabei bestehen wie bei der Abhängigkeit aufgrund des Konsums nachweisbar ernsthafte gesundheitliche Folgen. Diese können körperlicher oder psychischer Natur sein (z. B. depressive Episode nach massivem Alkoholkonsum). Ein „Kater" oder eine akute Intoxikation erfüllen dabei nicht die Anforderung an die geforderte körperliche Gesundheitsschädigung.

Auch wenn der Übergang vom schädlichen Gebrauch/Missbrauch zur Alkoholabhängigkeit fließend ist, finden sich typische Unterschiede im Trinkverhalten zwischen beiden Gruppen: Im Unterschied zu einer Abhängigkeit ist der tägliche Konsum beim Alkoholmissbrauch selten und etwa die Hälfte des Alkoholkonsums geschieht in Form eines gemäßigten, sozial angemessenen Konsums, d. h. dieser wechselt sich mit Trinkexzessen bzw. schädlichen Konsummustern ab. Auch gibt es keine Anzeichen für eine körperliche Abhängigkeit. Dieses Gebrauchsmuster besteht mindestens seit einem Monat oder wiederholt in den letzten 12 Monaten.

Die Folgen des Alkoholmissbrauch/schädlichen Gebrauch können (wie bei der Abhängigkeit auch) sehr vielfältig sein und in unmittelbaren Folgen einzelner Trinkexzesse (z. B. Unfälle, Führerscheinentzug) sowie Folgen von regelmäßig hohem Alkoholkonsum (z. B. körperliche Folgeschäden, Eheprobleme, finanzielle Probleme, Arbeitsplatzverlust) bestehen. Gemäß ICD-10 reichen soziale Folgen allein (und auch die Ablehnung des Alkoholkonsums durch eine andere Person) jedoch nicht aus, um ein Konsummuster als schädlichen Gebrauch einzuordnen. Aufgrund des fließenden Übergangs zwischen Alkoholmissbrauch und -abhängigkeit, was sich in der empirischen Befundlage, dass die Kriterien für beide Störungen auf einem Schweregradkontinuum liegen, widerspiegelt, wurde diese Unterscheidung mit der Neuauflage des DSM-5 aufgegeben (anders als in der ICD-10, wo sie weiterhin besteht) und stattdessen zur Substanzgebrauchsstörung zusammengefasst, die je nach Anzahl der erfüllten Kriterien in Schweregrade eingeteilt wird.

Darüber hinaus unterscheidet man noch den *riskanten Konsum*, der zwar ein hohes Risiko für solche gesundheitlichen und sozialen Folgen birgt, diese aber noch nicht nachweisbar aufgetreten sind (z. B. beim problematischen „Binge Drinking"/Rauschtrinken, d. h. dem Konsum von fünf oder mehr Gläsern alkoholischer Getränke bei einer Trinkgelegenheit)[21]. Die

21 Deutsche Hauptstelle für Suchtfragen (2015).

Obergrenzen für risikoarmen Konsum wurden in den letzten Jahren immer weiter gesenkt und variieren zwischen einzelnen Ländern. In Deutschland liegen sie für gesunde Menschen bei 24 g (Männer) bzw. 12 g (Frauen) Reinalkohol/Tag (= 2 Standardgläser bzw. 1 Standardglas). Diese sollten jedoch nicht täglich konsumiert werden.

📖 Wittchen & Hoyer (2011): *Klinische Psychologie & Psychotherapie:* Kapitel 35 „Alkoholmissbrauch und -abhängigkeit" (S. 745–748)

7.3 Akute Alkoholintoxikation

Akute Intoxikationen führen zu vorübergehenden psychischen Veränderungen und unangepassten Verhaltensweisen aufgrund der kürzlichen Einnahme einer Substanz (z. B. Bewusstseinsstörungen, kognitive Störungen, Wahrnehmungsstörungen, Koordinationsstörungen). Art und Ausmaß der auftretenden Veränderungen sind zum einen abhängig von der konsumierten Substanz sowie individuell verschieden (z. B. abhängig von der Toleranz). Bei alkoholinduzierten Intoxikationen unterscheidet man vier Ausprägungsgrade mit zunehmender Störung der psychischen Funktionen und des Verhaltens:

- **Leichte Intoxikation** (BAK meist 0,5–1,5 ‰): Gang- und Standunsicherheit, verwaschene Sprache, verminderte Kritikfähigkeit und Selbstkontrolle, gesteigerter Antrieb (z. B. Rededrang, vermehrte soziale Kontaktaufnahme), seltener auch Antriebsminderung; ab 0,3 ‰ relative Fahruntüchtigkeit, ab 1,3 ‰ absolute Fahruntüchtigkeit, ab 0,5 ‰ gilt Arbeitsunfähigkeit
- **Mittelgradige Intoxikation** (BAK meist 1,5–2,5 ‰): affektive Enthemmungen, unangemessenes Sexualverhalten, gehobene Stimmung bis hin zur Euphorie, aber auch Gereiztheit und Aggressivität, beeinträchtigtes Urteilsvermögen, evtl. Ablenkbarkeit und Benommenheit
- **Schwere Intoxikation** (BAK meist 2,5–4 ‰): Sprachstörungen und Gangunsicherheit im Vordergrund, häufig Bewusstseins- und Orientierungsstörungen, evtl. auch Angst, Erregung und illusionäre Verkennungen
- **Alkoholisches Koma** (BAK über 4 ‰): Durch z. B. Dämpfung des Atemzentrums oder Einatmen von Erbrochenem häufig Lebensgefahr

📖 DG-Sucht & DGPPN (2003): *Akutbehandlung alkoholbezogener Störungen:* Kapitel 2.4.4 „Akute Alkoholvergiftung (Intoxikation)"

7.4 Entzugssyndrom bei Alkohol

Ein Entzugssyndrom beginnt in der Regel 4–12 Stunden nach der Beendigung oder mindestens Reduktion eines langanhaltenden, übermäßigen Konsums und endet nach 4 bis 5 Tagen. Die Schwere des Entzugssyndroms wechselt über den Zeitraum, die stärkste Ausprägung ist meist am zweiten Tag der Abstinenz. Dabei stehen körperliche Symptome (z. B. allgemeines Unwohlsein, Erbrechen, Blutungen, Bluthochdruck, Schlafstörungen, Schwitzen, Herz-Kreislaufstörungen) im Vordergrund. Aber auch neurologische (z. B. Artikulationsstörungen, Zittern, Krampfanfälle, Muskel- oder Kopfschmerzen) und psychische Symptome (z. B. Angstzustände, Reizbarkeit, Unruhe, depressive Verstimmungen, evtl. Halluzinationen) treten hinzu. Beim Entzugssyndrom mit *Delir* kommt es zudem zu einem kurzen, aber unter Umständen **lebensbedrohlichen** toxischen Verwirrtheitszustand. Im Unterschied zum einfachen Entzugssyndrom dauert das Entzugssyndrom mit Delir länger und Krampfanfälle sowie lebhafte Halluzinationen bis hin zu Wahnvorstellungen treten deutlich häufiger auf. Auch das Zittern ist besonders ausgeprägt. Ein Entzugssyndrom mit Delir betrifft vor allem Abhängige mit einer langen Vorgeschichte und tritt bei etwa 5 % der Patienten auf.

🕮 DG-Sucht & DGPPN (2003): *Akutbehandlung alkoholbezogener Störungen:*
Kapitel 2.4.5 „(Einfaches) Entzugssyndrom“
Kapitel 2.4.6 „Entzugssyndrom mit Delir“

7.5 Polizei & alkoholinduzierte Störungen

Das Risiko, im Laufe des Lebens eine Störung in Zusammenhang mit Alkohol zu entwickeln, liegt Studien zufolge in Deutschland bei ca. 13 %. Aufgrund methodischer Probleme wird diese Zahl vermutlich aber unterschätzt und das Risiko liegt weitaus höher. Etwa 2,4 % der Erwachsenen sind alkoholabhängig. Männer sind dabei etwa 4-mal so häufig betroffen wie Frauen, sodass Alkoholabhängigkeit in den westlichen Industriestaaten bei Männern die häufigste und bei Frauen nach Angststörungen die zweithäufigste psychische Störung ist. Knapp 4 % der Erwachsenen weisen zudem einen schädlichen Konsum und weitere 10,7 % einen riskanten Konsum auf. Aber vor allem junge Leute neigen zu einem riskanten Konsum. So erlebt etwa ein Drittel der Jugendlichen wöchentlich mindestens einen Trinkexzess.

Durch die enthemmende Wirkung von Alkohol kann es bei einigen Menschen schnell zu lautem, distanzlosem, aufbrausendem, unberechenbarem und nicht zuletzt aggressivem Verhalten kommen. So sind auch Polizeieinsätze in Zusammenhang mit Trunkenheit sehr häufig und bei Personen unter Alkohol- oder Drogeneinfluss ist auch das Risiko für Gewaltübergriffe gegenüber den einschreitenden Beamten erhöht[22]. Darüber hinaus spielt Alkohol bei der Tatbegehung vieler Delikte eine Rolle: So wurde in Deutschland im Jahr 2019 gut jedes vierte aufgeklärte Gewaltdelikt vom Tatverdächtigen unter Alkoholeinfluss begangen, darunter z.B. jeweils ein Viertel der Vergewaltigungen, schweren und gefährlichen Körperverletzungen sowie Körperverletzungen mit Todesfolge und sogar jeder dritte Totschlag (inklusive Tötung auf Verlangen)[23]. Auch in Fällen häuslicher Gewalt kann Alkohol eine bedeutsame Rolle spielen, indem z.B. alkoholabhängige Männer in Paarbeziehungen signifikant häufiger Gewalt gegenüber ihrer Partnerin ausüben als nichtabhängige Männer[24]. Eine Analyse des Zusammenhangs zwischen der Menge des Alkoholkonsums und der häuslichen Gewalteskalation zeigte ferner, dass es bei alkoholabhängigen Männern insbesondere dann zu Gewalt gegenüber der Partnerin kam, wenn sie in den 12 Stunden davor besonders viel getrunken hatten, sie also akut intoxikiert waren[25]. Insgesamt stand in Deutschland im Jahr 2018 jeder vierte polizeilich erfasste Tatverdächtige eines partnerschaftlichen Gewaltdelikts unter Alkoholeinfluss[26].

In solchen Fällen sollten Polizeibeamte versuchen, die alkoholisierten auffälligen Personen durch freundliches, verständnisvolles Zureden zu beruhigen („*Talk down*"). Klappt dies nicht und die Personen werden dennoch aggressiver, sollten klare Verhaltensanweisungen gegeben werden und die Maßnahmen der Eigensicherung durch die Beamten erhöht werden (z.B. Abstand halten, auf Hände achten, gefährliche Gegenstände entfernen). Dies ist insbesondere auch bei Personen mit Entzugssymptomen (mit oder ohne Delir) wichtig, da diese zu Halluzination bis hin zum völligen Realitätsverlust neigen und die Polizeibeamten als Bedrohung wahrnehmen könnten. In diesen Fällen sollte zudem der Rettungsdienst für eine schnelle Behandlung hinzugezogen werden. Auch bei Notrufen wegen hilflosen, bewusstlosen Personen (z.B. aufgrund einer akuten Alkoholintoxikation) sollte der Rettungsdienst benachrichtigt werden. Bei einer Ausnüchterung in polizeilichem Gewahrsam sollten Betroffene unbedingt überwacht werden (z.B. regelmäßig wecken), da Lebensgefahr bestehen kann (z.B. an Erbrochenem ersticken, hohe Suizidgefahr).

22 Ellrich, Baier & Pfeiffer (2012).
23 BKA (2019), S. 44.
24 Z.B. O'Farrell, Fals-Stewart, Murphy & Murphy (2002).
25 Murphy, Winters, O'Farrell, Fals-Stewart & Murphy (2005).
26 BKA (2018), S. 11.

Die Wirkung von Alkohol führt außerdem zu einer labilen Emotionalität, einer eingeschränkten Wahrnehmung und einer verminderten Urteilsfähigkeit (eigene körperliche Fähigkeiten werden z. B. überschätzt). Im Umgang mit mittelgradig bis schwer intoxikierten Personen ist daher entweder aufgrund mangelnder Bereitschaft oder mangelnder Fähigkeiten nicht von Kooperation auszugehen (z. B. bei der Bestimmung der Atemalkoholkonzentration). Nach Einschätzung der eingeschränkten Aufmerksamkeit durch die Trunkenheit sollte die Kommunikation mit dem Intoxikierten entsprechend angepasst werden und auf seiner Ebene stattfinden (z. B. einfache, kurze Sätze, sich gegebenenfalls ruhig und mehrfach wiederholen). Im Falle von Beleidigungen sollte über diese hinweggehört werden. Auch wenn bei aggressiven Reaktionen von akut intoxikierten Personen das Setzen klarer Verhaltensgrenzen notwendig wird, sollte dies respektvoll und unter Vermeidung einer (weiteren) Destabilisierung des Selbstwerts der betroffenen Person geschehen, d. h. es sollte darauf geachtet werden, immer nur konkret zu unterlassendes Verhalten zu benennen und nicht die Person selbst zu kritisieren oder abzuwerten. Auch sind „moralische Belehrungen" oder abwertende Kommentare über den hohen Alkoholkonsum oder Appelle an die Vernunft der Betroffenen zu unterlassen, da diese zum einen im Zustand eines akuten Rausches nicht den gewünschten Effekt haben werden und sich zum anderen eher eskalationssteigernd auswirken können.

Weitere typische Einsatzbereiche der Polizei in Zusammenhang mit Alkohol sind Ruhestörungen, Sachbeschädigungen, Platzverweise (z. B. von Obdachlosen), Beschlagnahme mitgeführter alkoholischer Getränke, Diebstähle von alkoholisierten Personen sowie Delikte im Straßenverkehr. Durch häufige Kontakte sind die Personen aus dem Trinkermilieu der Polizei oft bekannt. Wenn sich die Personen trotz hoher Promillewerte bei einem Test der BAK oder Atemalkoholkonzentration weitgehend unauffällig verhalten, besteht dringender Verdacht auf eine Alkoholabhängigkeit (etwa ab 1,6 ‰).

📖 Biedermann (2020): *Messer weg – Polizeilicher Umgang mit psychisch erkrankten Personen im Spannungsfeld zwischen Kommunikation und Zwangsanwendung* (S. 17–18)

📖 Davison, Neale & Hautzinger (2007): *Klinische Psychologie:*
Kapitel 12.1.4 „Kurzzeitwirkungen von Alkohol" (S. 416)

📖 Hermanutz & Litzcke (2004): *Standards für den Umgang mit psychisch Kranken im polizeilichen Alltag* (S. 44)

📖 Wittchen & Hoyer (2011): *Klinische Psychologie & Psychotherapie:*
Kapitel 35 „Alkoholmissbrauch und -abhängigkeit" (S. 745–751)

Übungsaufgaben

7.1 In den folgenden zwei Fallbeispielen werden Herr S. und Herr E. vorgestellt. Notieren Sie für beide Fallbeispiele die alkoholbedingten Kriterien und diskutieren Sie anhand dieser, ob es sich eher um schädlichen Gebrauch (Alkoholmissbrauch), riskanten Konsum oder eine Abhängigkeit handelt.

Fallbeispiel 1

Herr S. ist 34 Jahre alt und steht eigentlich mitten im Leben. Er hat einen guten Job bei einer großen Automobil-Firma, ist verheiratet und hat drei Kinder. Nach der Arbeit trifft er sich ein bis zwei Mal in der Woche mit „alten Kumpels" in einer Kneipe zum Kartenspielen. Am Wochenende fährt die Clique ab und zu ins Fußballstadium, um die Spiele „ihrer" Mannschaft anzuschauen. Bei diesen Gelegenheiten wird von allen Beteiligten gern und ausgiebig Bier getrunken. Herr S. empfindet die Treffen als ausgelassen und als willkommene Abwechslung von den Verpflichtungen in Arbeit und Familie.

Seit einiger Zeit hat Herr S. zunehmend Schwierigkeiten in seiner Ehe. Wenn er abends von der Arbeit nach Hause kommt, gibt es oft Streit. Auch die Kinder (zwei und fünf Jahre alt) sind in seinen Augen oft aufmüpfig und anstrengend. Immer öfter verabredet Herr S. sich nun mit Freunden in der Kneipe, um dem „Stress" zuhause aus dem Weg zu gehen. Dabei fühlt er sich meist erst richtig wohl, wenn er zwei bis drei Bier getrunken hat. An den Wochenenden kommt es nun immer wieder vor, dass Herr S. „über die Stränge schlägt" und bis drei oder vier Uhr nachts von einer Kneipe zur nächsten zieht. Am nächsten Tag ist er oft verkatert, „reißt" sich aber bei den Aktivitäten der Familie „zusammen". Seine Frau hat ihm schon öfters vorgeworfen, zu wenig Zeit mit der Familie zu verbringen und sich nicht genügend um die Kinder zu kümmern.

Herrn S. fällt mit der Zeit selbst auf, dass sein Alkoholkonsum „etwas aus den Fugen" geraten ist. Er beobachtet immer öfter, dass er nach der Arbeit und an den Wochenenden den starken Wunsch verspürt, Alkohol zu trinken, und es ihm schwerfällt, darauf zu verzichten. Auch kann er sich bei der Arbeit nicht mehr konzentrieren und hat Probleme seine Aufmerksamkeit länger auf eine Sache zu richten. Als seine Frau ihm nach einer weiteren durchzechten Nacht damit droht, auszuziehen, sucht er Rat bei einem guten Freund. Dieser rät ihm, eine Beratungsstelle zu besuchen.

Fallbeispiel 2

Herr E. (65 Jahre) hatte über Jahre die Gewohnheit abends „zum Entspannen" ein bis zwei Bier zu trinken. Im Alter von 47 Jahren wurde der Handwerksmeister überraschend in eine Position versetzt, in der er sich unterfordert und herabgesetzt fühlte. Dadurch habe er abends und an den Wochenenden immer mehr getrunken und schließlich auch während der Arbeit immer wieder heimlich zum Bier gegriffen.

Seine Ehe habe darunter stark gelitten. Andererseits sei seine Frau auch immer wieder für ihn eingesprungen, habe ihn zum Beispiel spät in der Nacht abgeholt, wenn er betrunken gewesen sei, oder ihn beim Arbeitgeber entschuldigt. Schließlich sei der heimliche Alkoholkonsum auch seinen Kollegen und seinem Chef aufgefallen.

Er berichtet, dass er es dann ein dreiviertel Jahr lang geschafft habe, abstinent zu bleiben. Weil er sich einsam gefühlt habe, habe er aber angefangen, hin und wieder am Abend „ein Gläschen" zu trinken. Dies sei einige Monate lang gut gegangen, ohne dass es zu unkontrolliertem Trinken gekommen sei. Als sein Vermieter ihm jedoch mit Kündigung drohte, weil er die letzten zwei Monatsmieten nicht bezahlt habe, habe Herr E. sich dabei „erwischt", dass er eine Flasche Whiskey gekauft und sie allein zuhause getrunken habe. Ab da sei sein Trinkverhalten zunehmend außer Kontrolle geraten. Auslöser für Rückfälle seien immer Probleme gewesen, bei denen Herr E. sich „klein" gefühlt habe und keine Lösung gesehen habe. Irgendwann habe es seiner Frau gereicht und sie sei aus der gemeinsamen Wohnung ausgezogen. Von da an sei alles bergab gegangen: Er habe immer exzessiver getrunken, sein Arbeitgeber habe ihm nach mehreren Abmahnungen schließlich gekündigt.[27]

7.2 Ist es für PolizeibeamtInnen wichtig zu wissen, ob eine Person akut intoxikiert oder alkoholabhängig ist? Wenn ja: warum bzw. in welchen Situationen?

7.3 Worauf ist zu achten, wenn eine Person in Polizeigewahrsam ausnüchtert? Inwiefern können lebensbedrohliche Situationen entstehen?

27 Fallbeispiele: Pro Psychotherapie e.V. (o.J.). Missbrauch und Sucht: Alkohol und Drogen. Verfügbar unter: https://www.therapie.de/fileadmin/dokumente/pi/therapiede_Dossier_Sucht_und_Missbrauch.pdf [29.08.2020].

8 Demenz

8.1 Was ist eine Demenz?

Im Alter kommen viele Belastungsfaktoren zusammen: körperlicher Abbau, sensorische und neurologische Beeinträchtigungen, der Verlust von geliebten Menschen und zunehmende soziale Belastungen (z. B. durch Vorurteile gegenüber dem Alter). So nehmen vor allem körperliche Symptome mit dem Alter zu. Eine Krankheit im Alter, die ausschließlich auf eine hirnorganische Ursache zurückzuführen ist, ist die Demenz. Dabei kommt es zu einer allmählichen, sich über Jahre hinziehenden Verschlechterung der intellektuellen Fähigkeiten, bis schließlich auch die sozialen Funktionen und die Handlungsfähigkeit beeinträchtigt sind. Im Vordergrund des Störungsbilds steht eine **Gedächtnisschwäche**, vor allem für neue Ereignisse, aber auch beim Erinnern von bereits eingespeicherten Gedächtnisinhalten. So vergessen Betroffene z. B., wie man sich angemessen kleidet und vernachlässigen ihre äußere Erscheinung und Körperpflege, sie beginnen einen Topf mit Wasser zu füllen und lassen das Wasser laufen, können Alltagsgegenstände nicht mehr benennen, vergessen den Namen ihrer Kinder oder erkennen diese nicht mehr wieder. Die Beeinträchtigungen betreffen aber auch andere kognitive Fähigkeiten und führen zu Sprachstörungen, einer verminderten Fähigkeit abstrakt zu denken und einem geringeren Urteilsvermögen. In der Folge sind Betroffene z. B. nicht mehr in der Lage, sich klar auszudrücken, Situationen zu überschauen, Pläne zu machen oder Entscheidungen zu fällen. Immer wieder kann es zu Zuständen der völligen geistigen Verwirrung kommen und oft ist das alltägliche Leben insoweit beeinträchtigt, dass sie nicht mehr alleine leben können. Des Weiteren leiden Betroffene oft unter einem verminderten Antrieb und entwickeln **affektive Störungen**, die sich entweder in Form einer mangelnden Ansprechbarkeit der Gefühlslage („*flacher Affekt*") oder in Form von Reizbarkeit, emotionalen Ausbrüchen und einer verminderten Impulskontrolle zeigen (z. B. grobe Ausdrucksweise, unangemessene sexuelle Avancen). Im Endstadium der Demenz sind die Betroffen durch Angehörige nicht mehr wiederzuerkennen und leben oft in Apathie und völligem sozialen Rückzug.

8.2 Formen & Ursachen der Demenz

Der Demenz liegt immer ein **Verlust von Nervenzellen im Gehirn** zugrunde. Je nach Ursache dafür unterscheidet man jedoch verschiedene Formen der Demenz. Die häufigste Form mit einem Anteil von ca. 60 % der Demenzdiagnosen ist die *Demenz vom Typ Alzheimer.* Dabei kommt es vermutlich aufgrund genetischer Veranlagung zu einer irreversiblen Schädigung des Hirngewebes, bei der Neuronen und Synapsen zugrunde gehen (Gewebeschwund vor allem im Hippocampus, später auch im Frontal-, Temporal- und Parietallappen). Nach der Alzheimer-Demenz sind die *vaskulären Demenzen* die zweithäufigste Form. Dabei sterben die Gehirnzellen aufgrund einer Gefäßerkrankung ab, da z.B. bei Arteriosklerose oder nach mehreren Schlaganfällen Blutgerinnsel die Durchblutung im Gehirn gestört haben. Bei der vaskulären Demenz spielen genetische Faktoren also keine Rolle. Ein weiterer Unterschied zur Alzheimer-Demenz ist, dass neben den kognitiven Fähigkeiten auch die Motorik beeinträchtigt sein kann (z.B. Schwäche im Arm). Die beiden soeben genannten Demenzformen stellen sogenannte primäre Demenzen dar, bei denen die Krankheitsursache direkt im Gehirn beginnt. Eine weitere Form stellen *sekundäre Demenzen dar,* bei denen sich die Demenz als Folgeerkrankung einer anderen organischen Erkrankung entwickelt. So führen z.B. Infektionskrankheiten (z.B. Hirnhautentzündung, Syphilis, Aids), Schädelhirntraumata, Gehirntumore, Leber- oder Nierenversagen oder auch ständiger Alkohol- oder Drogenkonsum zum zahlreichen Absterben von Gehirnzellen. Entsprechend können Demenzen mit diesen Ursachen auch bei jüngeren Menschen vorliegen. Je nach Ursache kann sich der Verlauf der Demenz fortschreitend verschlechtern, gleichbleiben oder wieder erholen (nur bei sekundären Demenzen, wenn die Grunderkrankung früh behandelt und dadurch geheilt werden kann).

🕮 Davison, Neale & Hautzinger (2007): *Klinische Psychologie:*
Kapitel 16.2 „Hirnorganisch bedingte Störungen des hohen Alters“ (S. 595–600)

🕮 Hautzinger & Thies (2009): *Klinische Psychologie:*
Kapitel 13.2 „Organische psychische Störungen“ (S. 163–164)

8.3 Demenz vom Typ Alzheimer

Die Alzheimer-Demenz beginnt schleichend, meist nach dem 65. Lebensjahr, gefolgt von einem langsam voranschreitenden Abbau der kognitiven Fähigkeiten und führt etwa 10 bis 12 Jahre nach Beginn der ersten Symptome zum Tod der Betroffenen. Oft wird die Erkrankung über mehrere Jahre übersehen, da zunächst nur kurze Konzentrationsschwierigkeiten oder Probleme der Lern- und Merkfähigkeiten auftreten. Die Motorik der Betroffenen bleibt bis zum Ende intakt und sie verhalten sich körperlich unauffällig (können z.B. normal herumlaufen oder kurze informelle Gespräche führen). Die Gedächtnisleistung und das Denkvermögen werden aber zunehmend schlechter und die Beeinträchtigung des täglichen Lebens immer größer. Zudem zeigen sich die für Demenzerkrankungen typischen Auswirkungen auf das Sozialleben. Die Betroffenen sind z.B. geistig abwesend oder reagieren gereizt und geben anderen die Schuld für ihre Fehler. Am Ende der Erkrankung steht ein Zustand der völligen Desorientiertheit und Agitiertheit. Gelegentlich zeigen die Betroffenen im Verlauf ihrer Erkrankung auch depressive Symptome (ca. 30 % der Fälle) oder Wahnvorstellungen (z.B. Gefühl, verfolgt zu werden). Mit zunehmender Schwere der Demenz zeigen die Betroffenen zudem häufig aggressives Verhalten.

📖 Davison, Neale & Hautzinger (2007): *Klinische Psychologie:*
Kapitel 16.2 „Hirnorganisch bedingte Störungen des hohen Alters" (S. 596–598)

📖 Hautzinger & Thies (2009): *Klinische Psychologie:*
Kapitel 13.2 „Organische psychische Störungen" (S. 164)

8.4 Polizei & Demenz

Die Menschen in unserer Gesellschaft werden immer älter, so hat sich z.B. der Anteil der über 80-Jährigen in den letzten 60 Jahren verzehnfacht, und mit zunehmendem Alter steigt auch die Häufigkeit von Demenzerkrankungen: Nur etwa 1,6 % der Menschen zwischen 65 und 69 Jahren erleiden eine Demenz, aber schon 15,6 % der 80- bis 84-Jährigen und sogar über 40 % der über 90-Jährigen[28]. Insgesamt liegt die Prävalenzrate bei den über 65-Jährigen bei rund 10 %. Das Risiko, zumindest für eine Alzheimer-Demenz, ist bei Frauen, u.a. aufgrund ihrer höheren Lebenserwartung dabei noch höher. Im polizeilichen Alltag treten diese Personen oft in Erscheinung, da sie durch ihr Verhalten in der Gesellschaft auffallen. So kommt es häufig zu Notrufen wegen hilfloser, verwirrter oder vermisster Personen. Auch Notrufe wegen versehentlich herbeigeführter Brände (z.B. durch ein nicht ausgeschaltetes Haushaltsgerät) sind mögliche Einsatzeinlässe.

28 Deutsche Alzheimer Gesellschaft e.V. (2018). Informationsblatt 1: Die Häufigkeit von Demenzerkrankungen. Verfügbar unter: https://www.deutsche-alzheimer.de/fileadmin/alz/pdf/factsheets/infoblatt1_haeufigkeit_demenzerkrankungen_dalzg.pdf [29.08.2020].

Aufgrund ihrer verminderten Impulskontrolle oder ihrer Vergesslichkeit begehen Betroffene gelegentlich auch mehr oder weniger „aus Versehen" Ladendiebstähle. Ihre Reizbarkeit macht sie im Umgang dann schnell unkooperativ und sie neigen zu beleidigendem, (verbal) aggressivem Verhalten. Es ist auch möglich, dass sie sich durch die Einsatzkräfte bedroht fühlen bzw. deren Hilfsangebote nicht als solche einordnen können und daraufhin gereizt oder (verbal) aggressiv reagieren. Trotz allem sollten Einsatzkräfte den Betroffenen mit einer besonderen Güte und Empathie begegnen. Sie sollten die Betroffenen auch bei Verwirrtheitszuständen nicht ignorieren bzw. wie Kinder behandeln und in ihrer Anwesenheit nicht über ihre Schwächen sprechen. Stattdessen sollten die Betroffenen durch ein wertschätzendes, geduldiges Gespräch beruhigt werden und das Gefühl von Sicherheit vermittelt werden. Über Beleidigungen oder wahnhafte Verdächtigungen sollte hinweggesehen werden. Bei Bedarf gilt es, medizinisches Fachpersonal hinzuziehen.

📖 Davison, Neale & Hautzinger (2007): *Klinische Psychologie:*
Kapitel 16.2 „Hirnorganisch bedingte Störungen des hohen Alters" (S. 592; 596; 603)

📖 Hermanutz & Litzcke (2004): *Standards für den Umgang mit psychisch Kranken im Polizeilichen Alltag* (S. 44)

Übungsaufgaben

8.1 Inwiefern unterscheidet sich Demenz von der gewöhnlichen Vergesslichkeit im Alter?

8.2 Welche weiteren polizeilichen Berührungspunkte mit dementen Personen fallen Ihnen ein?

8.3 Welche Maßnahmen ergreifen Sie, wenn Sie eine auf eine verwirrte, orientierungslose demente Person treffen?

8.4 Bei Ihrer Dienststelle geht eine Meldung ein, dass eine 82-Jährige demente Frau vermisst wird. An welchen Orten macht es Sinn zunächst nach ihr zu suchen?

9 Suizidalität & Suizid

9.1 Was ist Suizidalität?

Bei einem *Suizid* bzw. einem *Suizidversuch* handelt es sich um selbstinitiierte Handlungen, bei denen ein Mensch sich selbst verletzt oder toxische Substanzen zu sich nimmt, in der Annahme, dass er diese Handlungen nicht überleben wird. Bei einem *erweiterten Suizid* geht dem Suizid die Tötung Dritter, meist des Partners oder der Kinder voraus. *Suizidalität* ist also keine Krankheit oder psychische Störung, sondern eine krisenhafte Entwicklung mit unmittelbarer Gefährdung durch suizidale Handlungen.

Es gibt einige Hinweise, die auf eine akute Suizidalität hindeuten und zur Abschätzung der Gefahr genutzt werden können. Denn Betroffene können sich in dieser Phase nicht von suizidalen Handlungen distanzieren. Dies zeigt sich z.B. darin, dass die Suizidgedanken lange andauern, häufig auftreten oder sogar einen automatischen oder zwanghaften Charakter haben und diese massiven Suizidgedanken dann auch mehr oder weniger eindeutig geäußert werden (z.B. Bemerkungen, dass die Welt ohne sie besser wäre, persönliche Sachen als überraschende „Abschiedsgeschenke"). So kündigen über 75 % aller Suizidanten ihren Selbstmord vorher an. Weiterhin ist die Methode der Selbsttötung bei akuter Suizidalität bereits gut durchdacht oder sogar schon verfügbar, da entsprechende Vorbereitungen schon getroffen wurden (z.B. Anleitungen zur Methode in bestimmten Internetforen recherchiert, Tabletten gesammelt). Auch andere konkrete Vorbereitungen wurden bereits getroffen (z.B. Testament aufgesetzt, Abschiedsbrief geschrieben). Es gilt, je konkreter die Vorstellungen und Vorbereitungen sind, desto größer ist die Gefahr einer unmittelbaren suizidalen Handlung. Ferner ist es auch als kritisch zu sehen, wenn Betroffene mehr Gründe für ihren Tod als für ihr Weiterleben nennen und sie entweder keine Hindernisse, wie religiöse Überzeugungen oder die Versorgung der Familie, für ihren bevorstehenden Tod haben oder diese Hindernisse ihnen egal sind. Denn dies deutet auf einen rationalen Entscheidungsprozess hin, bei dem Betroffene ihre Überlegungen gelassen abwägen und so meist auch schildern. Erlebt der Betroffene außerdem starke Gefühle von Depression, Schuld oder Wut, erhöht das das Suizidrisiko weiter. Insbesondere bei Gefühlen von Wut besteht auch eine erhöhte Gefahr für erweiterte Suizide. Aber auch nach dem Abklingen einer depressiven Phase, wenn der Antrieb wieder gesteigert ist, oder wenn nach Gefühlen von Angst und Verzweiflung plötzlich eine unerklärliche Gelassenheit oder gar Heiterkeit auftritt, deutet dies darauf hin, dass der Betroffene Frieden geschlossen hat und sich mit seinem Todentschluss abgefunden hat („Ruhe vor dem Sturm", „nichts ist so beruhigend wie eine getroffene Entscheidung"). Schließlich besteht eine zusätzlich erhöhte Suizidgefahr, wenn der Betroffene über ein eingeschränktes soziales Umfeld verfügt und die Wahrscheinlichkeit des Eingreifens von Sozialpartnern damit sinkt.

9.2 Formen des Suizids

Anhand der Motive unterteilt man verschiedene Formen des Suizids[29]. Bei einem **Bilanzsuizid** wird nach einer *rationalen Abwägung* „errechnet", dass das Leben keinen Sinn mehr macht und der Suizid der einzige Ausweg aus der aussichtslosen Lebenssituation ist. Der Suizid geschieht dabei meist unauffällig und effizient. Der **Suizid von psychisch Kranken** geschieht dagegen aus einem *getrübten Bewusstseinszustand* heraus. Je nach Störungsbild ist der Suizid eher blutig (z.B. Schizophrenie) oder eher unauffällig (z.B. Depression). Beim **Sozialkonfliktären Suizid** stehen *Beziehungsprobleme* im Vordergrund und der Suizid kann als letzter Hilferuf oder kommunikativer Appell an das soziale Umfeld interpretiert werden. Ein nicht seltener Spezialfall im Unterschied zu diesen meist nicht öffentlichen Tötungsformen ist der **öffentliche Suizid.** Dieser wird vor allem von Männern und oft durch einen Sprung in die Tiefe (z.B. von Brücken oder Hochhäusern) realisiert. Es sollte sofort geschultes Personal von psychosozialen Notfallhelfern alarmiert werden, da der öffentliche Suizid besondere psychologische Anforderungen an die Ersthelfer stellt. Zum einen haben sie Angst, durch eine falsche Bemerkung den tödlichen Sprung auszulösen, zum anderen werden sie durch Zuschauer und oft schnell hinzukommende Medienvertreter zusätzlich unter Druck gesetzt. Daher gilt es, einige hilfreiche Grundgedanken zu behalten, die in solchen Situationen zentral sind. Zunächst kann der Suizidant nicht vollkommen von seinem eigenen Vorhaben überzeugt sein, da er sonst eine andere Tötungsart wählen oder zumindest ohne zu zögern springen würde. Vielmehr signalisiert sein Vorhaben, dass er unter *diesen* Umständen nicht mehr weiterleben kann oder will. Er sehnt sich also weniger nach dem Tod, sondern eher nach Ruhe und Wohlbefinden. Sein öffentlicher Suizid hat also einen Appellcharakter (z.B. andere durch seinen Tod mit Schuldgefühlen bestrafen; eine mögliche Trennung verhindern; genereller Hilferuf, endlich ernst genommen zu werden; ein Schauspiel liefern). Diese Ambivalenz ist für

29 vgl. Lasogga & Gasch (2008).

den Ersthelfer eine Chance, zumindest einen Aufschub der Tat zu verhandeln. Gleichzeitig sollten Helfer bedenken, dass der Ausgang der Situation von ihnen nur begrenzt zu beeinflussen ist. Selbst wenn sie alles „richtig" machen, lässt sich ein Umsetzen der Selbsttötungsabsicht nicht immer vermeiden.

9.3 Zahlen & Fakten zu Suizidalität

- Suizidgedanken sind sehr häufig. Etwa 40 bis 80 % der gesunden Bevölkerung haben mindestens einmal in ihrem Leben an Suizid gedacht.
- Jährlich nehmen sich etwa 10.000 Menschen in Deutschland das Leben; Tendenz vor allem bei Kindern und Jugendlichen steigend.
- Die Zahl der Suizidversuche ist im Vergleich zur Zahl der vollendeten Suizide mindestens 10-mal so hoch.
- 0,7 % der Frauen und 1,5 % der Männer sterben durch Suizid. Frauen unternehmen aber 3-mal häufiger einen Suizidversuch im Laufe ihres Lebens.
- Denn Frauen wählen meist sanftere Methoden (z. B. Medikamentenüberdosis, Schnitte), sodass es meist beim Selbsttötungsversuch bleibt; Männer wählen dagegen gewalthaltigere Methoden der Selbsttötung (z. B. Erhängen, Sturz aus der Höhe, Erschießen), die mehrheitlich zum vollendeten Suizid führen.
- Die Suizidrate steigt mit dem Alter: Jüngere Personen, insbesondere jüngere Frauen, begehen eher einen Suizidversuch, während ab 70 Jahren, vor allem unter den Männern, die Zahl der vollendeten Suizide steigt.
- Mehr als die Hälfte aller vollendeten Suizide geschehen im Verlauf einer affektiven, also depressiven oder bipolar affektiven Störung. Affektive Störungen haben damit das höchste Suizidrisiko unter allen psychischen Störungen.
- Ein erhöhtes Suizidrisiko besteht außerdem bei schizophrenen Störungen, Persönlichkeitsstörungen, hier insbesondere Borderline-Persönlichkeitsstörungen, und Substanzabhängigkeiten, vor allem Alkoholabhängigkeiten.
- Aber nicht jeder, der sich umbringt, ist depressiv oder psychisch beeinträchtigt. Viele Suizidanten treffen ihre Entscheidung bei klarem Verstand.
- Suizide finden unabhängig der äußeren Umstände wie Wetterlage, bestimmter Wochentage oder Jahreszeiten statt.

- Suizide betreffen alle gesellschaftlichen Klassen und Schichten, von arm bis reich.
- Ein fester Glaube an Gott sowie die gute Integrität in eine religiöse Gemeinschaft können zwar Schutzfaktoren sein, die formale Religionszugehörigkeit sagt aber nichts über das Suizidrisiko aus.
- Wenn im Einzelfall keine Abschiedsbriefe oder Ähnliches hinterlassen werden, wissen wir in der Regel nicht, warum sich jemand umbringt. Denn die mutmaßlichen Motive (z. B. ein Anhäufen von Schulden) führen bei den meisten anderen Menschen nicht zum Suizid.
- Suizid ist die Todesart, die bei den Angehörigen die größten Gefühle von Schmerz, Schuld und Verwirrung verursacht.

🕮 Benecke (2014): *Klinische Psychologie und Psychotherapie:*
Kapitel 18 „Suizidalität und Suizid“ (S. 290–291)

🕮 Davison, Neale & Hautzinger (2007): *Klinische Psychologie:*
Kapitel 10.7 „Suizid“ (S. 351–353)

🕮 Hautzinger & Thies (2009): *Klinische Psychologie:*
Kapitel 7.4 „Suizid“ (S. 75)

🕮 Lasogga & Gasch (2008): *Notfallpsychologie:*
Kapitel 18.5.3 „Suizidalität“ (S. 340–341)
Kapitel 33 „Öffentlicher Suizid“ (S. 447–449)

🕮 Wittchen & Hoyer (2011): *Klinische Psychologie & Psychotherapie:*
Kapitel 39.4 „Bipolare Störungen: Epidemiologie und Verlauf“ (S. 865–866)

9.4 Entstehung von Suizidalität

9.4.1 Biopsychosoziale Risikofaktoren

Die Forschung hat eine Reihe von Faktoren aufgedeckt, die mit einem erhöhten Suizidrisiko verbunden sind. Zu den *biologischen Risikofaktoren* gehören unter anderem chronische Erkrankungen mit geringen Heilungsaussichten, wie z. B. Aids oder Multiple Sklerose, damit die Betroffenen ihr eigenes Leid und das ihrer Angehörigen verringern oder den Zeitpunkt des Todes selbst wählen können. Auch ein niedriger Serotoninspiegel gilt als Risikofaktor, da dieser sowohl mit einer erhöhten Autoaggression als auch Impulsivität in Verbindung gebracht wird. Wie aus den Zahlen und Fakten zu Suizidalität hervorgeht, sind auch das männliche Geschlecht und ein hohes Alter mit einer erhöhten Suizidrate verbunden. Auch eine genetische Disposition bzw. zumindest eine familiäre Vorbelastung durch weitere Suizid(-versuche) innerhalb der Familie erhöht ebenfalls das Suizidrisiko. Bei den *psychologischen Risikofaktoren* ist zuerst das Vorliegen einer psychischen Störung zu nennen. Insbesondere Störungen mit einem schweren Verlauf erhöhen das Suizidrisiko. Auch gesonderte Gefühle von Depression, Hoffnungslosigkeit und Schuld sowie eine erhöhte Impulsivität und gewalttätiges Verhalten in der Vergangenheit, ohne die Diagnose einer psychischen Störung, stehen mit einem erhöhten Risiko für Suizid in Zusammenhang. Ferner führen rigide Denkmuster zu Schwierigkeiten, alternative Problemlösungen zu finden und erhöhen somit ebenso das Selbstmordrisiko. Etwa die Hälfte aller Suizidanten hat bereits in der Vergangenheit mindestens einen weiteren Suizidversuch unternommen, sodass auch frühere Suizidversuche zu den Risikofaktoren gezählt werden können. Der Mangel an sozialer und medizinsicher Unterstützung sowie krisenhafte Ereignisse und belastende Lebensumstände sowohl während der Kindheit und Jugend als auch während des Erwachsenenalters (z. B. Naturkatastrophen, Arbeitslosigkeit, Traumatisierung, Erfahrungen häuslicher Gewalt, Verlust von geliebten Menschen) wirken sich als *soziale Risikofaktoren* besonders negativ auf die Suizidrate aus. So erhöht sich das Suizidrisiko nach einer Scheidung oder Verwitwung um das 4- bis 5-fache. Außerdem führen Medienberichte über andere Suizide zu Nachahmungstaten und auch die Verfügbarkeit von Schusswaffen gilt als Risikofaktor.

9.4.2 Präsuizidales Syndrom (Ringel, 1953)

Ringel (1953) hat den Prozess, der zum Suizid führt, in einem Phasenmodell als präsuizidales Syndrom beschrieben. In der ersten Phase der **Einengung** („Tunnelblick“) werden die äußeren Lebensumstände von Betroffenen zunehmend als bedrohlich und unüberschaubar wahrgenommen, die eigene Person dagegen als hilflos und ausgeliefert (*situative Einengung*). Zudem haben Betroffene in dieser Phase das Gefühl, ihre innere Spannung bzw. ihren inneren Erregungszustand kaum noch kontrollieren zu können und haben Angst vor einer explosiven Entladung (*dynamische Einengung*). Auch *zwischenmenschliche Beziehungen* werden eingeengt, indem sie zahlenmäßig reduziert sowie entwertet werden. Es resultiert ein Gefühl des Fremdseins, dass durch eine *Einengung des Wertesystems* weiter verstärkt wird. Dabei kommt es zum einen zu einem verringerten Selbstwertgefühl und zum anderen zu einer Banalisierung ehemals wichtiger Lebensbereiche. Subjektive Werte, die nicht mit der Bezugsgruppe in Einklang stehen, gewinnen dagegen an Bedeutung. In der zweiten Phase der **Aggressionshemmung** werden entstehende Aggressionen unterdrückt oder gegen die eigene Person gerichtet. Sie werden jedoch nicht nach außen ausgelebt, sodass sie als ohnmächtige Wut erlebt werden. Diese Aggressionshemmung führt schließlich zu **Todesfantasien oder Fantasien der Selbsttötung**, die in ihrer Intensität und Konkretisierung zu- und ihrer Kontrollierbarkeit dagegen immer weiter abnehmen.

9.4.3 Suizidale Entwicklung (Pöldinger, 1968)

Auch Pöldinger (1968) teilt das typische Verhalten im Vorfeld eines Suizids in drei Phasen, die fließend ineinander übergehen. In der ersten Phase des **Erwägens** ziehen Betroffene den Suizid als mögliche Problemlösung für ihren zugrundeliegenden Konflikt in Betracht. Dies wird dem Umfeld meist auch kommuniziert (z.B. „Das alles macht keinen Sinn mehr“, „Ich kann nicht mehr“, „Es gibt keinen Ausweg“) und ist als *Appell* zu verstehen. Da diese Appelle vom Umfeld aus Hilflosigkeit, Unkenntnis oder Furcht vor den ernsten Konsequenzen meist aber nicht aufgegriffen werden, fühlen sich die Betroffenen in ihrer Notlage allein gelassen. In der folgenden Phase des **Abwägens** nimmt die Ambivalenz zwischen Leben und Tod daher weiter zu, bis hin zu einem Unvermögen, sich von suizidalen Handlungen zu distanzieren. So werden auch die Suizidankündigen offensiver, oft aber nicht verbal kommuniziert. Hin und wieder kommt es in dieser Phase auch schon zu ersten suizidalen Handlungen, die aber eine hohe Wahrscheinlichkeit der Rettung beinhalten (z.B. Pulsadern aufschneiden und gleichzeitig Notarzt alarmieren). Aber Achtung: Nicht alle Suizidversuche ohne ernsthafte Gefährdung für das Leben geschehen aus einer ambivalenten Haltung heraus. Oft wissen die Suizidanten einfach zu wenig z.B. über die genaue Dosierung der Tabletten oder die Anatomie des menschlichen Körpers. Schließlich sehen die Betroffenen keinen anderen Ausweg mehr aus ihrer Krise als ihren Tod, es kommt zur **Entscheidung.** Die Kommunikation über den Suizid wird in dieser Phase als sinnlos angesehen und daher eingestellt und stattdessen werden Vorbereitungen für den Suizid getroffen. Es stellt sich bei den Betroffenen eine innere Beruhigung ein, die von den Angehörigen meist als Besserung der Situation missverstanden wird und zu ihrer Erleichterung führt. Dabei handelt es sich in aller Regel jedoch nur um eine *„trügerische Ruhe vor dem Sturm“*.

🕮 Benecke (2014): *Klinische Psychologie und Psychotherapie:*
Kapitel 18 „Suizidalität und Suizid“ (S. 290–291)

🕮 Davison, Neale & Hautzinger (2007): *Klinische Psychologie:*
Kapitel 10.7. „Fakten zum Suizid" (S. 351–355)

🕮 Hautzinger & Thies (2009): *Klinische Psychologie:*
Kapitel 7.4.1 „Entstehungsbedingungen von Suizidalität" (S. 76)

🕮 Horn (2011): *Person droht zu springen* (S. 492)

🕮 Wittchen & Hoyer (2011): *Klinische Psychologie & Psychotherapie:*
Kapitel 39.4 „Bipolare Störungen: Epidemiologie und Verlauf" (S. 866)

9.5 Polizei & Suizidalität

9.5.1 Einschätzung der Suizidalität

Bei der Einschätzung des Gefährdungsgrades von Suizidalität kann es nie eine verbindliche Sicherheit geben. Dennoch kann anhand der Betrachtung von mehreren Hinweisen und Faktoren zusammen eine möglichst realistische Einschätzung vorgenommen werden. Der wichtigste Indikator einer suizidalen Entwicklung sind direkte oder indirekte **Ankündigungen.** Solche Aussagen oder Andeutungen sollte man immer ernst nehmen und bei Verdacht auf Suizidalität ganz offen und direkt nachfragen, ob bzw. inwieweit Suizidabsichten bestehen. Denn alleine durch Nachfragen bringt man niemanden erst auf die Idee, sich umzubringen. Im Gegenteil, viele sind dankbar, über ihre Notlage sprechen zu können. Grundsätzlich gilt, je konkreter und realistischer Suizidabsichten sind und je weniger alternative Problemlösungen gleichzeitig erwogen werden, desto gefährlicher ist die Situation. Außerdem sind sich aufdrängende Suizidgedanken als gefährlicher zu sehen als solche, die der Betroffene selbst aktiv initiiert. Weiterhin gilt es die bekannten **biopsychosozialen Risikofaktoren** einzubeziehen: Gehört der Betroffene einer biologischen, psychologischen oder sozialen Risikogruppe an? Die Risikofaktoren sind jedoch nur im Zusammenhang mit auftretenden Suizidgedanken als gefährlich einzuschätzen; einzeln für sich genommen haben sie keine Aussagekraft. Darüber hinaus gilt es, das Fortschreiten der **suizidalen Entwicklung** einzuschätzen: In welchem Stadium der Entscheidungsfindung befindet sich der Betroffene? Welches Ausmaß hat die Einengung im **präsuizidalen Syndrom** angenommen? Ein weiterer wichtiger Anhaltspunkt zur Gefährdungseinschätzung ist die **emotionale Erreichbarkeit** des Betroffenen. Wenn jemand nicht bereit ist, über seine Gefühle und Absichten zu sprechen, ist dies als Warnsignal zu sehen. Wenn von einer mehr oder weniger unmittelbaren Suizidgefährdung auszugehen ist, sollten entsprechende Maßnahmen eingeleitet werden (z. B. nicht unbeaufsichtigt lassen, Angehörige informieren, an psychologisches Fachpersonal überweisen). Wenn die Verdachtsmomente nicht eindeutig geklärt werden können, sollte kompetente Hilfe hinzugezogen werden oder der Betroffene in eine psychiatrische Facheinrichtung gebracht werden.

9.5.2 Kommunikation mit Suizidanten

Horn (2011) hat einen **Leitfaden zur Verhandlung** von Ersthelfern mit Suizidanten insbesondere bei öffentlichen Suiziden entwickelt, der den hohen Zeitdruck, geringe psychologisch-psychiatrische Kenntnisse sowie mangelnde Routine der Helfer aufgrund geringer Fallzahlen berücksichtigt. Die Verhandlung gliedert sich in vier Phasen, der ersten Kontaktaufnahme zwischen Helfer und Suizidant gehen jedoch einige **Vorbereitungen** voraus. So hat die eigene Sicherheit der Helfer oberste Priorität und sollte z. B. durch eine Absicherung bei Gebrauch einer Leiter oder durch die Klärung der Frage, ob der Suizidant bewaffnet ist, zunächst sichergestellt werden. Auch weitere Informationen z. B. zum Auslöser, einer möglichen psychischen Erkrankung oder zum Alkohol- bzw. Drogenkonsum des Suizidanten sollten vorab so zahlreich wie möglich eingeholt werden. Die Szene sollte außerdem umfangreich abgesperrt werden, um Zuschauer fernzuhalten. Auch Rettungssignale wie Blaulicht und Martinshorn sollten abgeschaltet werden und Sprungtücher oder andere Rettungsgeräte möglichst nicht sichtbar aufgestellt werden. Die untenstehenden Rettungskräfte sollten sich ebenfalls möglichst so aufstellen, dass sie für den Suizidanten nicht sichtbar sind. Hintergrund dieser Maßnahmen ist, dass man davon ausgeht, dass ein öffentlicher Suizid ohne Öffentlichkeit und Zuschauer seine Wirkung verliert. Aus diesem Grund sollten auch bei ausdrücklichem Wunsch des Suizidenten *keine Angehörigen* dazu geholt werden, sondern in diesem Falle besser Alternativen angeboten werden (z. B. „Wir können Ihre Frau nicht dazu holen, aber eine Fachkraft kann Ihnen später bei Ihrer Ehekrise helfen.“). Denn ferner besteht die Gefahr, dass die Verhandlung mit Dritten schnell außer Kontrolle gerät (z. B. springt Suizidant aus Rachegefühl vor Augen des Partners oder greift diesen an). Auch anderen Forderungen des Suizidanten sollte nicht nachgegeben werden (z. B. Tee oder Decke bringen), da diese weder zielorientiert noch zeitökonomisch sind und auch nicht der Bedrohung der Situation entsprechen.

Für die folgende Verhandlung mit dem Suizidanten sollte viel Zeit, mindestens zwei bis drei Stunden und ein fester Ansprechpartner eingeplant werden, der nur in Ausnahmefällen, wenn er z. B. zu überfordert oder erschöpft ist, ausgetauscht werden sollte. Dafür sollten dennoch ein bis zwei weitere Helfer bereitstehen. Bei der Verhandlung sollte nur dann ein Megaphon genutzt werden, wenn keine andere Kommunikation möglich ist und der Verhandlungsführende sollte klare und eindeutige, aber gleichzeitig auch sachliche Formulierungen verwenden (z. B. „Sie wollen sich umbringen"). Ausweichende und verharmlosende Formulierungen (z. B. „Sie wollen Schluss machen") sind zugunsten der Ernsthaftigkeit zu vermeiden.

In der ersten Phase der Verhandlung wird ein persönlicher **Kontakt** zum Suizidanten **hergestellt.** Dieser dient als Grundlage für die Mitarbeit des Suizidanten im weiteren Verlauf der Verhandlung. Dazu sollte sich der Helfer zunächst mit seinem Namen und seiner Funktion vorstellen (z. B. „Ich bin … und wurde hier hochgeschickt, um mit Ihnen zu sprechen.") und auch den Namen des Suizidanten erfragen. Zum Einstieg empfehlen sich angstfreie Themen, die aber gleichzeitig mit der Situation zu tun haben (z. B. „Wollen wir uns lieber Duzen oder Siezen?", „Wie sind Sie hier hochgekommen?"). Anweisungen wie „Treten Sie zurück!" oder „Springen Sie nicht!" unterbrechen den Kontakt und sind zu vermeiden. Damit sich der Suizidant durch den Helfer nicht bedroht fühlt und deswegen springt, sollte zu Anfang auch eine Absprache über die zugelassene Distanz getroffen werden (z. B. „Sagen Sie ‚Stopp', wenn ich Ihnen zu nahe komme.", „Ich werde nicht näher kommen und Sie auch nicht anfassen."). Das Einhalten einer gewissen räumlichen Distanz dient auch der Eigensicherung des Helfers. Dazu gehört auch, ein risikoreiches Festhalten zu unterlassen, um vorm Sprung zu retten.

Wenn der Suizidant den Helfer registriert hat, z. B. durch Blickkontakt oder persönliches Ansprechen wie „Kommen Sie nicht näher!", gilt es, den **Zustand anzusprechen**. Das heißt, der Helfer sollte die *innere und äußere Situation* des Suizidanten beschreiben (z. B. „Sie stehen hier auf dem Dach und wollen springen, unten stehen aber eine Menge Einsatzkräfte."). Da Menschen in einer akuten Krise den klaren Bezug zur Realität verloren haben („*Tunnelblick*"), wirkt es entlastend, wenn der Helfer die Realität für sie in Worte fasst. Zur Beschreibung der inneren Situation kann der Helfer z. B. die Ambivalenz zwischen Leben und Tod oder die vermutliche Verzweiflung und Ausweglosigkeit ansprechen. Dies zeigt, dass er den inneren Zustand des Suizidanten ernst nimmt und schafft Vertrauen. Daher sollte auf vorschnelle Tröstungen und Verallgemeinerungen dagegen verzichtet werden. Zudem sollten auch keine Lösungsvorschläge gemacht oder Ratschläge gegeben werden, da diese so früh in der Verhandlung abgelehnt werden und den Suizidanten zudem in die Gegenposition drängen. Auch Belehrungen oder ein argumentierendes Diskutieren stoßen beim Suizidanten vermutlich auf Ablehnung. Das Problem oder den Suizid herunterzuspielen oder über

Belanglosigkeiten wie das Wetter oder die aktuellen Nachrichten zu sprechen ist ebenso wenig zielführend. Besser sollte der Helfer seine eigenen Gefühle artikulieren und als gemeinsame missliche Lage kennzeichnen (z.B. „Ich fühle mich gerade hilflos und kann mir gut vorstellen, dass es Ihnen genauso geht.“). Bei dieser *Affektregulation zu zweit* macht das direkte Ansprechen die unerträglichen Gefühle wie Hilflosigkeit oder Versagensängsten zum einen kontrollierbarer und zum anderen können sie zu zweit leichter bewältigt werden. Somit ist dies auch eine Entlastung für den Helfer. Auch Gefühle von Ärger und Wut können so angesprochen werden (z.B. „Sie beschimpfen mich gerade und das kränkt mich. Ich kann mir vorstellen, dass Sie sich auch gekränkt oder verletzt fühlen.“).

Wenn der Kontakt ausreichend stabil ist und eine erste Orientierung und Vertrautheit erreicht wurde, kann begonnen werden, den **Hintergrund** des Suizids zu **erfragen**. Ziel dabei ist es nicht, den Suizidanten auszufragen, zu analysieren oder Lösungen für das zugrunde liegende Problem zu entwickeln. Stattdessen sollten Informationen gesammelt werden, die für die eigentliche Verhandlung nützlich sind. Es sollte herausgefunden werden, was passiert und wer involviert ist, ohne sich dabei in Details zu verlieren oder in die Lebensgeschichte des Suizidanten abzuschweifen. In diesem Fall sollte der Suizidant unterbrochen und zur aktuellen Situation zurückgeführt werden (z.B. „Ich kann mir vorstellen, dass das schwierig für Sie war. Im Moment geht es aber darum, dass Sie hier von dieser Brücke springen wollen“). Sonst sollte Erzähltes aber nicht weiter kommentiert oder beurteilt werden. Es gilt „Reden und reden lassen“, denn die Äußerung seiner Not hilft dem Suizidanten, aus seiner eingeengten Wahrnehmung herauszufinden („*Talk down*“) und wer redet, der springt nicht. Um den Suizidanten nicht in Rechtfertigungsdruck zu bringen, sollten Warum-Fragen dabei aber vermieden werden.

Gefahren im Umgang mit Suizidgefährdeten (Sonneck et al., 2016)

- Vorschnelle Tröstung
- Ermahnung
- Verallgemeinerung
- Ratschlag
- Belehrung
- Herunterspielen des Problems (ggf. des Suizidversuchs!)
- Beurteilen und kommentieren
- Nachforschen, ausfragen, analysieren
- Vorschnelle Aktivitäten entwickeln

Bei der **Verhandlung** sollte davon abgesehen werden, vorschnell die folgenden Aktivitäten zu entwickeln. Zudem sollte man immer anbieten, diese gemeinsam zu unternehmen („Wir gehen da jetzt gemeinsam runter.", „Wir stehen das zusammen durch."). Dies fördert ein Gefühl der Sicherheit und ist insbesondere vor dem Hintergrund der doppelten Scham wichtig, der der Suizidant im Falle eines positiven Ausgangs der Situation ausgesetzt ist. Denn erstens hat er das Gefühl, im Leben versagt zu haben und möchte sich daher umbringen und zweitens fühlt er sich nicht mal in der Lage, diesen letzten Schritt konsequent durchführen zu können. Auf unrealistische Versprechungen sollte dagegen verzichtet werden, zumal die Suizidanten oft selbst ahnen, dass sie nun in eine psychiatrische Klinik eingewiesen werden. Befürchtungen über ihren weiteren Werdegang, z. B. aufgrund früherer schlechter Erfahrungen in einer Klinik oder Angst vor Vorurteilen, sollte man daher anerkennen und versuchen, Positives herauszustellen (z. B. „Wir kümmern uns darum, dass Sie Hilfe bekommen.", „Es gab bestimmt auch jemanden in der Klinik, dem Sie vertraut haben.", „In wenigen Tagen können Sie in der Regel in eine ambulante Behandlung entlassen werden."). Damit eine Entscheidung für das Leben erhalten bleibt, sollte der persönliche Kontakt während dem Heruntergehen und der dann heftigen Konfrontation mit der Realität aufrechterhalten werden. Wenn der Suizidant seine Selbstmordabsichten umsetzt, besteht schnell die Gefahr, dass der Helfer seine eigenen Kompetenzen infrage stellt. Der Suizid ist dabei jedoch als Fortsetzung einer suizidalen Entwicklung zu sehen und nicht als Folge der Verhandlung. Um die psychische Belastung für den Helfer so gering wie möglich zu halten, sollte er beim Sprung z. B. wegsehen und sich die Ohren zuhalten und durch eine kollegiale Krisenbewältigung unterstützt werden.

📖 Davison, Neale & Hautzinger (2007): *Klinische Psychologie:*
Kapitel 10.7 „Suizid" (S. 351–360)

📖 Horn (2011): *Person droht zu springen* (S. 494–496)

📖 Lasogga & Gasch (2008): *Notfallpsychologie:*
Kapitel 18.5.3 „Suizidalität" (S. 340–341)
Kapitel 33 „Öffentlicher Suizid" (S. 449–450)

📖 ÖGPB (2011): *Suizidalität:*
Kapitel 7.1 „Beurteilung der Suizidalität" (S. 9–12)

📖 Sonneck et al. (2016): *Krisenintervention und Suizidverhütung:*
Kapitel 6.4 „Antisuizidale Therapie" (S. 187)

Fallbeispiel

Polizei schockiert: Gaffer filmen Selbstmord-Androhung in Baden-Baden[30]

Die Polizei spricht von „beschämenden Szenen", die sich am Montagabend in Baden-Baden zugetragen haben. Gegen 20.30 Uhr hatten Mitarbeiter eines Hotels die Ordnungshüter darüber informiert, dass ein Mann sich in einer seelischen Ausnahmesituation befände und gedroht habe, sich vom Vordach des Anwesens zu stürzen. „Hierbei wurde er nicht nur von den Mobiltelefonen der zahlreich erschienenen Schaulustigen gefilmt, sondern zum Entsetzen der Einsatzkräfte durch Rufe aus den Reihen der Gaffer zum Sprung in die Tiefe ermutigt", berichtet die Polizei in einem Pressebericht. Die Szene hätten selbst erfahrene Polizeibeamte erschaudern lassen.

Übungsaufgaben

9.1 Wie würden Sie in diesem Fall vorgehen?

- Was würden Sie zu dem suizidalen Mann sagen?
- Was sollte man in der Kommunikation vermeiden?
- Wie würden Sie mit den Schaulustigen umgehen?

9.2 Wie könnte man den Umstand erklären, dass Suizidversuche vor allem bei jüngeren (Frauen) auftreten, die Häufigkeit vollendeter Suizide wiederum mit dem Alter steigt?

30 ka-news.de, 2017, https://www.ka-news.de/region/baden-baden/Baden-Baden~/Polizei-schockiert-Gaffer-filmen-Selbstmord-Androhung-in-Baden-Baden;art7653,2095038 [29.08.2020].

10 Schizophrenie & andere psychotische Störungen

10.1 Psychose

„Psychose" ist ein Sammelbegriff für verschiedene schwere psychische Störungen, ohne dass es dafür eine einheitliche Definition gibt. Allgemein versteht man unter einem psychotischen Zustand vor allem eine Störung der Wahrnehmung, des Denkens, des Bewusstsein und des Ich-Erlebens. Charakteristischerweise treten die **Wahrnehmungsstörungen** in Form von Halluzinationen und die **Denkstörungen** in Form von Wahnvorstellungen auf. Dies führt dazu, dass Betroffene Schwierigkeiten haben, organisiert und rational zu denken (z.B. fehlerhafte Schlüsse für reale Situationen ziehen) und eine gestörte Beziehung zu ihrer Umwelt entwickeln (z.B. leben in ihrer eigenen Welt; sind nicht mehr in der Lage, den Alltag zu bewältigen). Weiterhin sind ihre Sprache und ihr Verhalten desorganisiert bzw. chaotisch und sie empfinden starke Unruhe oder Erregungszustände. Oft treten auch affektive Symptome wie Angstzustände oder depressive Stimmung hinzu und den Betroffenen fehlt die Krankheitseinsicht.

Verursacht werden Psychosen häufig durch eine Fehlfunktion des Gehirns infolge einer körperlichen Erkrankung (z.B. Epilepsie, Infektionskrankheiten, Stoffwechselstörungen) oder einer Verletzung (z.B. Schädel-Hirn-Trauma). Auch Alkohol- oder Drogenmissbrauch sowie selten die Einnahme bestimmter Medikamente können eine Psychose auslösen. Diese verschwindet meist nach Absetzen der induzierenden Substanz wieder, unter Umständen bilden sich die Symptome aber nicht wieder zurück. Psychotische Zustände können auch ohne feststellbare (organische) Ursache als Teil des Erscheinungsbildes einer psychischen Störung auftreten. Die häufigste Form dabei ist die Schizophrenie, bei der psychotische Zustände das Störungsbild vorwiegend dominieren. Psychotische Zustände können aber auch in Zusammenhang mit einer affektiven Störung vorkommen (z.B. bei schwerer Depression).

🕮 Benecke (2014): *Klinische Psychologie und Psychotherapie:*
Kapitel 25 „Schizophrenie und andere psychotische Störungen" (S. 408)

🕮 Wittchen & Hoyer (2011): *Klinische Psychologie & Psychotherapie*:
Kapitel 38.1 „Psychotische Störungen und Schizophrenie – Störungsbild" (S. 799–800)

10.2 Schizophrenie

10.2.1 Was ist Schizophrenie?

Zu den Kernsymptomen der Schizophrenie gehören formale und inhaltliche Denkstörungen (z. B. Denkzerfahrenheit, Wahnvorstellungen, Halluzinationen), darüber hinaus ist das Störungsbild der Schizophrenie aber sehr uneinheitlich. Diese Kernsymptome gehören zur *Positivsymptomatik*, d. h. zu „produktiven" Symptomen, die ein Übermaß oder eine Verzerrung eigentlich normaler psychischer Funktionen darstellen. Bei Positivsymptomen wird also sozusagen etwas Neues hinzugefügt und sie kennzeichnen damit ab einer Dauer von mindestens einem Monat eine akute psychotische Episode. Infolge der positiven Symptome verlieren Betroffene den Bezug zur Realität und sie ziehen sich in ihre Fantasiewelt zurück. Davon unterscheidet man bei dieser groben Einteilung die *Negativsymptomatik*, die über die akuten Episoden hinaus auftreten und so zur Chronizität der Schizophrenie beitragen. Positivsymptome und Negativsymptome schließen sich gegenseitig aber nicht aus, sodass Negativsymptome vor, nach oder auch während einer akuten psychotischen Episode vorkommen können. Diese negativen Symptome stellen eine Verminderung oder einen Verlust normaler psychischer Funktionen dar (z. B. Verminderung des Antriebs, Sprachverarmung, Affektverflachung) und führen so insbesondere zu sozialen und beruflichen Defiziten (z. B. sozialer Rückzug).

Unter den vielfältigen Symptomen der Schizophrenie gehören **Wahnphänomene** als *inhaltliche Denkstörungen* wohl zu den prominentesten (bei etwa 80–90 % aller Schizophrenen). Dabei handelt es sich um anhaltende und feste Überzeugungen mit bizarren Inhalten, trotz eindeutiger Beweise für das Gegenteil (*Unkorrigierbarkeit*). Betroffene leiden z. B. an einem Verfolgungswahn (Überzeugung, z. B. von Nachbarn oder dem Geheimdienst verfolgt und abgehört zu werden), Eifersuchtswahn (Überzeugung von der Untreue des Partners), Liebeswahn (Überzeugung, eine gewöhnlich höher gestellte Person sei in einen verliebt) oder Größenwahn (übertriebene Überzeugung von Bedeutung, Macht und Wissen der eigenen Person, z. B. als religiöse Persönlichkeit mit übermenschlichen Kräften). Sehr häufig sind die Betroffenen auch davon überzeugt, dass sie von einer äußeren Macht gesteuert werden und nicht Herr ihres Körpers, ihrer Gefühle oder Handlungen sind (Beeinflussungswahn). Die Wahnvorstellungen können also thematisch, aber auch in ihrer Überzeugungsstärke erheblich variieren, dass die Grenzen zwischen normalen Überzeugungen und Wahnvorstellungen fließend sind.

Wahnvorstellungen stehen in engem Zusammenhang mit **Halluzinationen.** Halluzinationen sind Wahrnehmungen ohne entsprechende Umweltreize, also Sinnestäuschungen, die aber die vollen Auswirkungen einer realen Wahrnehmung haben (z. B. Musik hören, ohne dass real hörbare Geräuschquellen vorhanden sind). Die meisten Halluzinationen sind akustischer Natur (bei etwa 60 % der Schizophrenen), dabei handelt es sich z. B. um kommentierende, kommandierende oder dialogische Stimmen, die meist kurze Sätze wiederholen (z. B. verschiedene Stimmen streiten sich untereinander oder vertraute Stimmen, z. B. von Verwandten, sprechen über den Betroffenen und sein Verhalten). Seltener kommt es zu taktilen (z. B. Berührungen, veränderte Körpertemperatur, Schmerzen) oder visuellen (z. B. menschliche Gestalten, über-natürliche Ereignisse) Halluzinationen, grundsätzlich sind Halluzinationen aber in jeder Sinnesmodalität möglich. Die Halluzinationen können plötzlich oder in spezifischen Situationen auftreten, oft zum ersten Mal aber nach belastenden Lebensereignissen. Von den Betroffenen werden die Halluzinationen als sehr belastend bis hin zu angstauslösend erlebt, führen zu Konzentrationsproblemen und mindern die Aufmerksamkeit für die (reale) Umgebung.

Halluzinationen, vor allem aber Wahnphänomene, haben oft einen Bezug zum Erleben der eignen Gedanken und wirken sich damit auch auf das **Ich-Erlebnis** der Betroffenen aus. Bei Halluzinationen des *Gedankenlautwerdens* z. B. wiederholen Stimmen aus Sicht der Betroffenen dessen Gedanken für andere hörbar. Wahnphänomene geben den Betroffenen dagegen das Gefühl, ihre Gedanken werden von außen in ihr Gedächtnis gegeben (*Gedankeneingebung*), plötzlich von außen aus ihrem Kopf gestohlen (*Gedankenentzug*) oder ihre Gedanken werden übertragen, sodass andere sie kennen (*Gedankenausbreitung*). Aufgrund des besonderen Charakters von Wahnphänomenen und Halluzinationen wollen viele Schizophrene ihre Störung nicht wahrhaben oder sind nicht imstande, diese also solche wahrzunehmen. So **mangelt** es etwa 50 % der Betroffenen an **Krankheitseinsicht.** Aus ihrer Sicht sind die auftretenden Symptome Nebenwirkungen der Medikamente, körperlicher Prozesse oder allenfalls Symptome einer anderen psychischen Störung. Sie leiden auch nicht unter ihren Symptomen, sondern höchstens unter der vermeintlichen Bedrohung, die von den Wahninhalten ausgeht (z. B. Verfolgung) oder dem Druck durch Angehörige, sich einer Behandlung zu unterziehen. Denn der mangelnde Leidensdruck für die Betroffenen selbst geht mit entsprechend mangelnder Motivation für eine Behandlung einher.

Neben diese inhaltlichen Denkstörungen kommt es bei der Schizophrenie auch zu **formalen Denkstörungen** mit deutlichen Auswirkungen auf die Sprache. Dabei können sich Denkprozesse verlangsamen oder beschleunigen (z. B. Gedankendrängen), vor allem zeigt sich aber eine Desorganisation der Denkprozesse (*Denkzerfahrenheit*). Das heißt, Denkinhalte werden nicht mehr logisch miteinander verknüpft und Assoziationsketten gelockert. Der Betroffene springt dann von Thema zu Thema und spricht wirr und zusammenhangslos, sodass man ihm nicht mehr folgen kann. Einschiebungen in den Gedankenfluss zeigen sich z. B. durch Danebenreden (z. B. Antwort passt nicht zur Frage) oder Neologismen (Erfinden neuer Wörter) und ein Gedankenabreißen in einem plötzlichen Abbruch der Sprache. Weitere **Störungen der Sprache** infolge der Denkstörungen sind Sprachverarmung, also weniger oder vage Sprache, sinnloses Wiederholen von gerade Gesagtem, Verbinden ähnlich klingender Worte oder bei besonders schweren Störungen auch grammatikalisch inkorrekte Sätze.

Neben Sprachstörungen haben die (inhaltlichen und formalen) Denkstörungen auch eine Reihe von **Verhaltensauffälligkeiten** zur Folge. Das Verhalten ist z. B. geprägt von einem bizarren Ausdruck, Impulsivität oder Ziellosigkeit. Oft führt ein verminderter Antrieb zu Trägheit, verlangsamtem Verhalten bis hin zur Apathie. Es resultiert eine verminderte Aktivität, sozialer Rückzug sowie eine Vernachlässigung der Körperpflege und des äußeren Erscheinungsbildes. In anderen Fällen kann es jedoch auch zu einem gesteigerten Antrieb und starken Erregungszuständen kommen.

Des Weiteren wird die Schizophrenie von **affektiven Veränderungen** begleitet. Dabei kommt es meist zu einer *Affektverflachung* bzw. *Affektverarmung*, d. h. die Betroffenen zeigen nur noch eine eingeschränkte Intensität des Gefühlsausdrucks und sind nicht mehr in der Lage, Freude zu empfinden. Auf alle möglichen Reize bleibt eine emotionale Reaktion aus (z. B. Verminderung der sexuellen Lust). Gleichzeitig kann sich durch unangemessene emotionale Reaktionen auch eine *inadäquate Affektivität* zeigen.

Zudem können auch **somatische Symptome** wie die Beeinträchtigung neurologischer Funktionen (z. B. des Tasterkennens, des Gleichgewichtssinns, der Unterscheidung von rechts vs. links) sowie vegetative Störungen (z. B. des Schlaf-Wach-Rhythmus, Durchfall, Herzrhythmusstörungen) hinzutreten.

10.2.2 Formen der Schizophrenie

Je nachdem, welche Symptome das Störungsbild dominieren, kann eine von drei Formen bzw. Subtypen der Schizophrenie diagnostiziert werden. Oft ändert sich dieser im Verlauf der Störung aber oder die Symptome überschneiden sich, sodass eine eindeutige Differenzierung des Subtyps nicht immer möglich ist.

Der häufigste Subtyp ist die **paranoide Schizophrenie.** Dabei stehen paranoide *Wahnvorstellungen* (z.B. Verfolgungswahn, Eifersuchtswahn) und *Halluzinationen* (z.B. Stimmen hören) im Vordergrund. Die Sprache und das Verhalten können desorganisiert sein, sind aber nicht immer die Regel. Bei der **hebephrenen Schizophrenie** findet sich ein zielloses, unvorhersehbares und vor allem unangemessenes Verhalten schon häufiger (z.B. Grimassen schneiden, Faxen machen). Das Denken ist oft ungeordnet und die Sprache daher zerfahren (z.B. immer gleiche Äußerungen wiederholen). Vor allem dominieren aber *affektive Veränderungen* das Störungsbild. Die Stimmung der Betroffenen ist flach und unpassend (z.B. selbstzufriedenes Lächeln, Kichern). Bei der **katatonen Schizophrenie**, die heute nur noch selten zu beobachten ist, fallen die Betroffenen durch *psychomotorische Symptome* auf. Sie wechseln zwischen den Extremen von erhöhten Erregungszuständen bis hin zum *Stupor* (ungewöhnliche Körperhaltungen werden für lange Zeit behalten, z.B. den ganzen Tag ein Bein anwinkeln). Weiterhin zeigen sich z.B. Wiederholungen sonderbarer Bewegungsabläufe oder wächserne Biegsamkeit, d.h. die Gliedmaßen können zwar bewegt werden, werden dann aber für lange Zeit so beibehalten.

10.2.3 Entstehung, Verlauf & Behandlung der Schizophrenie

Die Schizophrenie entwickelt sich bei Männern meist zwischen 20 und 24 Jahren, bei Frauen zwischen 25 und 29 Jahren oder im späteren Erwachsenenalter zwischen 45 und 49 Jahren. Bei der Entstehung interagieren eine Reihe von Vulnerabilitäts- und Stressfaktoren, die insgesamt zu einer verminderten Informationsverarbeitungskapazität sowie Überaktivierung des autonomen Nervensystems führen.

Im Unterschied zu anderen psychischen Störungen spielen bei der Schizophrenie insbesondere **biologische Risikofaktoren** eine Rolle und erhöhen die individuelle Vulnerabilitätsschwelle. So gibt es eine genetische Prädisposition, die mit größerer Nähe der Verwandtschaft das Risiko für eine Schizophrenie erheblich steigen lässt. Biochemische Auffälligkeiten (z.B. erhöhte Dopaminausschüttung) und Virusinfektionen der Mutter während der Schwangerschaft erhöhen das Risiko weiter. Letzteres steht zudem in Verbindung mit strukturellen Veränderungen des Gehirns (z.B. vergrößerte Ventrikel, verringertes Volumen des Präfontallappens), die ebenfalls als Risikofaktor gelten. Diese strukturellen Veränderungen des Gehirns hängen mit diversen neuropsychologischen Defiziten im Bereich des Gedächtnisses, der Aufmerksamkeit, der Informationsverarbeitungskapazität, Planungs- und

Problemlösefähigkeiten und sozialen Wahrnehmung zusammen und tragen damit zur Ausbildung einer schizotypen Persönlichkeit bei.

Treten zusätzlich **soziale Risikofaktoren** z. B. in Form von belastenden Lebensereignissen hinzu, wird die individuelle Vulnerabilitätsschwelle irgendwann überschritten und es treten erste unterschwellige Symptome (z. B. Sinnestäuschungen, körperliche Erschöpfung, Affektverarmung) auf. Als weitere soziale Risikofaktoren gelten dysfunktionale Interaktionsmuster innerhalb der Familie, z. B. durch widersprüchliche Doppelbotschaften in der Kommunikation oder einen übermäßig gefühlsbetonten Umgang sowie unklare Beziehungsdefinitionen, die zu einem Konflikt zwischen dem Wunsch nach Beziehung bzw. Nähe und einem Ringen um eine abgegrenzte Identität führen.

Bestehen zudem **psychologische Risikofaktoren,** kommt es zu dysfunktionalen Bewertungen der ersten unterschwelligen Symptome. Denn im Vergleich zur Normalbevölkerung neigen wahnhafte Menschen zu einigen Denkverzerrungen, die zur Entwicklung krankhafter Wahnphänomene beitragen. So sehen diese Menschen zum einen die Ursache für negative Ereignisse eher bei anderen Menschen oder Institutionen (*external-personaler Attributionsstil*, z. B. persönliches Scheitern aufgrund der Missgunst anderer). Zum anderen treffen sie hastige Entscheidungen auf Grundlage wenig verlässlicher Informationen (*voreiliges Schlussfolgern*). Dies führt zu Fehlinterpretationen von Wahrnehmungen und Erfahrungen und damit zu Halluzinationen und Wahnvorstellungen. Des Weiteren gelten Fähigkeitsdefizite bei der Vorhersage von Intentionen, Verhalten und Emotionen anderer Menschen als Risikofaktor für die Entstehung von Halluzinationen und Wahn. Durch eine selektive Aufmerksamkeit für Hinweise, die die Wahnvorstellungen bestätigen, sozialen Rückzug sowie Sicherheitsverhalten (z. B. auf den Boden gucken, damit der „Verfolger" einen nicht bemerkt) bleiben wahnkorrigierende Erfahrungen aus und halten die Symptome so aufrecht.

Diese Entstehungsbedingungen führen zu einem Verlauf der Schizophrenie in meist drei Phasen. Der Verlauf ist aber selbst individuell nur schwer vorhersehbar und jede dieser Phasen kann Tage bis hin zu Jahren dauern. Die psychotischen Symptome treten in der Regel in Schüben, sogenannten Episoden, auf; zwischen den Episoden sind die Symptome meist weniger schwer, aber immer noch sehr beeinträchtigend. In der ersten Phase, der **Prodromalphase**, kommt es zu ersten unspezifischen Anzeichen (z. B. Reizbarkeit, Schlafstörungen, Grübeln) sowie Negativsymptomen (z. B. affektive Symptome wie Depression; Interessenverlust; Antriebslosigkeit; sozialer Rückzug; verlangsamte Denkprozesse), die zwar nur langsam in ihrer Intensität zunehmen, sich aber lange hinziehen. So dauert die Prodromalphase im Durchschnitt 5 Jahre. Dabei sinkt allmählich auch das Leistungsniveau, sodass alltägliche Aufgaben und Pflichten nur noch schwer bewältigt werden können. Oft durch psychosozialen Stress ausgelöst folgt dann die **floride Phase** mit akuten Symptomen. Diese Phase gliedert sich in eine *psychotische Vorphase* (ca. 1,1 Jahre) mit ersten Positivsymptomen (z.B. Halluzinationen, Wahnvorstellungen, Denkstörungen) und eine *Latenzphase* (ca. 0,2 Jahre), sobald die Positivsymptome ihren Höhepunkt erreicht haben und es zur ersten stationären Behandlung kommt. Obwohl die Positivsymptome erst später in der floriden Phase einsetzen, verschlimmern sie sich im Vergleich zur Negativsymptomatik deutlich schneller und heftiger, klingen aber auch relativ schnell wieder ab. Denn bis zur nächsten floriden Phase mit neuen psychotischen Symptomen bleiben die Negativsymptome in den meisten Fällen mehr oder weniger bestehen. Auch das Leistungsniveau kehrt nach der floriden Phase meistens wieder zu dem der Prodromalphase zurück, sodass ein allgemein beeinträchtigter Zustand mit Verhaltensstörungen und sozialen Beeinträchtigungen bis hin zur Pflegebedürftigkeit zurückbleibt. Diese Phase nennt man die **Residualphase.**

Die multifaktorielle Entstehung und der langwierige Verlauf erfordern eine komplexe Behandlung der Schizophrenie, die sich bei vielen Betroffenen über Jahre hinziehen kann. Akute psychotische Symptome lassen sich relativ gut medikamentös behandeln. Weiteren Rückfällen wird präventiv durch psychoedukative Maßnahmen, oft unter Einbindung der Familie, entgegengewirkt. Durch psychotherapeutische Fertigkeitentrainings können die kognitiven und sozialen Defizite bearbeitet und durch weitere sozialtherapeutische Maßnahmen (z.B. Wohnheime, Arbeits- und Beschäftigungsmaßnahmen) die berufliche Rehabilitation eingeleitet werden.

🕮 Benecke (2014): *Klinische Psychologie und Psychotherapie:*
Kapitel 25 „Schizophrenie und andere psychotische Störungen“ (S. 408–409; 412)

🕮 Comer (2008): *Klinische Psychologie:*
Kapitel 14 „Schizophrenie“ (S. 385–396)

🕮 Davison, Neale & Hautzinger (2007): *Klinische Psychologie:*
Kapitel 11 „Schizophrenie“ (S. 366–377)

🕮 Hautziger & Thies (2009): *Klinische Psychologie:*
Kapitel 6.1 „Erscheinungsbild und Epidemiologie der Schizophrenie“ (S. 51–52)

🕮 Kircher (2012): *Kompendium der Psychotherapie:*
Kapitel 9.2 „Psychotherapeutisch relevante Modelle zur Entstehung und Aufrechterhaltung schizophrener Störungen“ (S. 178–179)

🕮 Lincoln (2014): *Kognitive Verhaltenstherapie der Schizophrenie:*
Kapitel 1.1 „Symptomatik“ (S. 15–19)

🕮 Moritz, Veckenstedt, Randjbar & Vitzthum (2011): *MKT+*
Kapitel 3 „Theoretische Annahmen: Kognitive Verzerrungen bei Wahn" (S. 34–39)

🕮 Wittchen, & Hoyer (2011): *Klinische Psychologie & Psychotherapie*:
Kapitel 38 „Psychotische Störungen und Schizophrenie" (S. 799–813; 838)

10.3 Polizei & psychotische Störungen

Das Risiko, im Verlauf des Lebens eine Schizophrenie zu entwickeln, liegt für Männer wie Frauen bei etwa 1 %. Dabei sind eher niedrige soziale Schichten, vor allem in Großstädten betroffen. Man vermutet, dass Betroffene aufgrund der erheblichen sozialen, kognitiven und emotionalen Beeinträchtigungen der Störung in einen sozialen Abstieg abdriften. Der polizeiliche Kontakt mit Schizophrenen oder sonstigen psychotischen Personen ist zahlenmäßig also relativ selten. Wenn Polizeibeamte aber auf Betroffene treffen, dann meist während der floriden Phase, also zu Zeiten akuter Halluzinationen oder Wahnvorstellungen. Dann suchen die Betroffenen z. B. selbst Hilfe und Unterstützung bei der Polizei vor vermeintlichen Verfolgern oder möchten Anzeigen von Verbrechen aufgeben, die nie geschehen sind. Auch dritte Personen können die Betroffenen melden, wenn sie durch ihr bizarres Verhalten auffallen (z. B. Ruhestörungen, weil Betroffene nachts laut mit sich selbst reden) oder aufgrund ihrer Wahnvorstellungen davongelaufen und nicht mehr auffindbar sind. Immer wieder kommt es im Zusammenhang mit Psychosen auch zu Gewalttaten, die zum einen meist sehr überraschend und unberechenbar passieren, da die Auslöser für andere nicht zu erkennen sind, und zum anderen manchmal sehr exzessiv sein können (z. B. Amoktaten). Denn vor allem bei der katatonen Schizophrenie kommt es immer wieder zu starken Erregungszuständen, die in Aggressionen umschlagen können. Insbesondere kommt es aber zu aggressiven und gewalttätigen Ausbrüchen, weil sich Betroffene mit paranoider Schizophrenie aufgrund ihrer Wahnvorstellungen und Halluzinationen bedroht fühlen und Angst haben. Aus der Wahrnehmung der Betroffenen heraus handeln sie damit also völlig rational und wehren sich bzw. reagieren nur auf die für sie realen Umwelteinflüsse. Die so entstehenden Gewaltdelikte richten sich oft gegen die Angehörigen des Betroffenen (Stimmen befehlen z. B. den Partner umzubringen), aber auch gegen Fremde oder (flüchtig) Bekannte (z. B. bei wahnhaftem Stalking oder seltenen Fällen wie psychotisch motivierte Amoktaten). Auch Polizeibeamte können bei solchen Einsätzen zur Zielscheibe werden. Unter dem Einfluss von Alkohol oder Drogen steigt das Gewaltrisiko zusätzlich. Da die Wahnvorstellungen und Halluzinationen von den meisten Betroffenen als sehr belastend erlebt werden, kommt es immer wieder auch zu Suizidversuchen. Polizeibeamte müssen bei psychotischen Personen daher häufig Zwangseinweisungen in psychiatrische Kliniken aufgrund von Selbst- oder Fremdgefährdung vornehmen.

10.3.1 Umgang mit Wahnvorstellungen & Halluzinationen

Wahnvorstellungen sind durch eine rationale Argumentation nicht zu beeinflussen oder gar auszureden. Das bedeutet, man sollte mit Betroffenen nicht das konfrontierende Gespräch suchen und versuchen, die Wahnvorstellungen zu widerlegen. Um den Betroffenen nicht zu kränken, sollte man Wahnvorstellungen nicht bewerten, kommentieren oder sich gar lustig machen. Stattdessen sollte man sich seine Wahnvorstellungen ruhig und geduldig anhören und die Äußerungen ernst nehmen, so wie sie seiner subjektiven Realität entsprechen. Auch wenn die Betroffenen vom Thema abschweifen oder von Thema zu Thema springen, sollte man sie nicht unterbrechen. Oft ordnet sich ihr Denken im Laufe des Gesprächs. Um starke Erregungszustände und Angstgefühle zu vermeiden, sollte man langsam sprechen und beruhigend auf den Betroffenen eingehen (z. B. „Setzten Sie sich bitte ruhig hin und erzählen Sie mir Ihre Schwierigkeiten. Wir wollen dann versuchen, gemeinsam einen Ausweg zu finden."). Dabei sollte man stets die Rolle des Helfers (im Gegensatz zu den Verfolgern) betonen, damit der Betroffene sich von der Polizei nicht auch noch missverstanden und verfolgt fühlt (z. B. versichern, dass der persönliche Schutz des Betroffenen garantiert wird). Gegebenenfalls kann es helfen, kreativ zu werden und die Wahnvorstellungen des Betroffenen anzunehmen (z. B. „Sie sind also Napoleon. Da wollen wir mal gemeinsam einen Schlachtplan aufstellen.", „Ich werde dem Klopfen, das Sie hören, auf den Grund gehen und es beseitigen") oder zumindest diplomatisch hinzunehmen (z. B. „Ich glaube Ihnen, dass Sie die Stimmen hören. Ich höre sie aber gerade nicht."). Manchmal kann es auch helfen, eine Person hinzuzuziehen, der der Betroffene vertraut.

10.3.2 Umgang mit potenziell gewaltbereiten psychotischen Personen

Wie schon dargestellt, geht von Personen in einer psychotischen Episode ein erhöhtes Gewaltrisiko aus. Denn akut psychotische Personen befinden sich oft in einem Zustand hoher Erregung. Aufgrund ihrer Wahnvorstellungen und Halluzinationen haben sie Angst und fühlen sich bedroht, sodass sie schnell streitsüchtig bzw. zornig bis hin zu gewalttätig werden können. Rückt in so einem Zustand die Polizei an, deuten Personen mit Wahnvorstellungen dies im Sinne ihres Wahns und die Gefühle von Angst und Bedrohung können sich noch weiter steigern. Auch frühere Begegnungen mit der Polizei waren möglicherweise schon traumatisierend (z. B. Zwangseinweisung, gerichtliche Unterbringung) und das so entstandene Misstrauen kann die Angst ebenfalls weiter schüren. Es kann zu heftigen emotionalen Reaktionen und Beschimpfungen kommen. Die Polizeibeamten sollten unbedingt versuchen, **die Angst des Betroffenen zu mildern**, um eine Eskalation der Situation zu vermeiden. Dazu ist die Situation zunächst genau zu beobachten. Um das Gefühl von Bedrohung nicht weiter zu verstärken, sollten die Beamten eine großzügige **räumliche Distanz** zum Betroffenen wahren, mehr als es sonst üblich ist – auch u. a. aufgrund eines oftmals bei Psychotikern vorliegenden erhöhten Bedürfnis nach Abstand. Eine ruhige, kontrollierte Haltung gibt dem Betroffenen zudem ein Gefühl von Sicherheit. Da psychotische Personen aus einer Fülle von Reizen die relevanten nicht herausfiltern können, gilt es, eine **Reizüberflutung zu vermeiden**. Dazu sollte eine ruhige Umgebung geschaffen werden (z. B. Szene von Publikum abschirmen) und nur ein Beamter als Gesprächspartner mit dem Betroffenen kommunizieren. Dieser sollte klare, eindeutige Anweisungen geben und die unternommenen Schritte der Beamten in sachlicher Weise erklären. Wenn der Betroffene im Besitz einer Waffe ist, ist deren freiwillige Herausgabe nicht zu erwarten, da er sich seinen „Verfolgern" sonst schutzlos ausgeliefert fühlt. Vielmehr ist damit zu rechnen, dass er die Waffe einsetzen wird, wenn er sich zu sehr bedroht fühlt. Um dies zu vermeiden, sollte das polizeiliche Auftreten unbedingt so gestaltet werden, dass es das Bedrohungserleben nicht weiter steigert (z. B. wenn keine akute Fremdgefährdung vorliegt, zunächst kommunikative Strategien einsetzen und den Betroffenen nicht physisch einengen). Beispielsweise sollte versucht werden den Betroffenen zu beruhigen, ihm Schutz zu versichern und evtl. für ihn und seinen Wahn hilfreiche Maßnahmen anbieten (z. B. „Wenn wir Ihnen sagen, wie sie sich am besten vor Ihren Verfolgern schützen können, geben Sie uns dann ihre Waffe?", „Wir können uns vorstellen, dass Sie sich bedroht fühlen und große Angst haben. Wir wollen Ihnen helfen und Ihnen Schutz anbieten"). Wenn die Situation kein sofortiges Handeln erfordert, sollte auf eine Situation gewartet werden, in der mit weniger Gegenwehr des Betroffenen zu rechnen ist.

🕮 Davison, Neale & Hautzinger (2007): *Klinische Psychologie:*
Kapitel 11.2 „Das Konzept der Schizophrenie" (S. 376)

🕮 Füllgrabe (2011): *Der polizeiliche Umgang mit psychisch Gestörten* (S. 28–30)

🕮 Lincoln (2014): *Kognitive Verhaltenstherapie der Schizophrenie:*
Kapitel 1.1 „Symptomatik" (S. 16)

🕮 Litzcke & Hermanutz (2004): *Polizeirelevante psychische Störungen* (S. 3)

🕮 Wittchen, & Hoyer (2011): *Klinische Psychologie & Psychotherapie*:
Kapitel 38.3 „Epidemiologie" (S. 805–807)

Fallbeispiel

Frau S. ist 33 Jahre alt, verheiratet, Mutter von zwei Kindern, als sie erstmals wegen einer schizophrenen Episode in stationäre psychiatrische Behandlung kommt. Sie habe in der Kindheit und Jugendzeit keine außergewöhnlichen Belastungen erlebt. Sie habe nach dem Hauptschulabschluss eine Lehre als Verkäuferin im Einzelhandel absolviert, die Berufstätigkeit habe sie nach der Geburt des ersten Kindes aufgegeben. Der Ehemann ist ungelernter Arbeiter und habe häufig die Stelle gewechselt. Zur Zeit der Ersthospitalisierung von Frau S. ist er arbeitslos. Die Familie lebt in engen Wohnverhältnissen in einer Dreizimmerwohnung. Infolge von Ratenkäufen ist die Familie wegen eines Bankkredites relativ hoch verschuldet. Frau S. fühlt sich mit der Erziehung der Kinder überfordert, außerhalb der Familie hat sie nur Kontakt zur Mutter und zu einer Nachbarin.

Seit ca. 2 Wochen vor der ersten stationären Aufnahme habe sich Frau S. von der Nachbarin beobachtet gefühlt. Sie habe Stimmen gehört, die ihre Wohnungseinrichtung beschrieben, die sie aber auch beschimpften, sie würde ihre Wohnung als »Saustall« verkommen lassen. Frau S. war überzeugt, dass im Fußboden ihrer Wohnung Sender und auf dem Dachboden Empfänger installiert seien. Später habe sie die Stimmen auch außerhalb der Wohnung gehört, z. B. beim Autofahren. Bekannte, die sie gebeten habe, nach den Sendern zu suchen, konnten diese natürlich nicht finden, weil sie absolut sicher versteckt waren. All diese Vorgänge beunruhigten Frau S. sehr, sie konnte nachts nicht mehr schlafen, konnte kein Essen mehr zu sich nehmen, litt letztlich so stark unter Erstickungsgefühlen, dass der Notarzt sie wegen des Verdachts auf Hyperventilationstetanien in ein Allgemeinkrankenhaus einwies, von dort wurde sie in ein psychiatrisches Krankenhaus verlegt.

Bereits nach 2 Wochen wurde sie wieder entlassen. Weil sie sich subjektiv wieder gesund und fit fühlte, habe sie von sich aus die verordnete Medikation abgesetzt. Sehr bald kam es zu einer neuen Episode mit akuten Krankheitssymptomen. Sie hatte das Gefühl, beobachtet, abgehört, verfolgt und bedroht zu werden. Sie habe kommentierende Stimmen gehört, affektiv wirkte sie leicht depressiv und affektverflacht, ihr Gesichtsausdruck war hilflos ängstlich.

Nach 4 Wochen wurde sie deutlich gebessert entlassen. Nach ca. 10 Monaten traten jedoch erneut massive Verfolgungsängste auf. Sie habe sich abermals durch die Nachbarn in der darunter liegenden Wohnung bedroht gefühlt. Sie habe dialogisierende und kommentierende Stimmen gehört, die sie der Nachbarin, deren Ehemann oder deren Kindern zuschrieb. Sie war fest davon überzeugt, durch Kameras beobachtet zu werden. Aus Angst vor Beobachtung habe sie Ritzen, durch die man evtl. sehen konnte, mit Zeitungspapier verstopft. Sie wollte sich eine Pistole mit Munition besorgen, um diese bösen Nachbarn zu beseitigen. Trotz sexueller Interessen hatte sie aus Angst vor Beobachtung alle sexuellen Kontakte mit ihrem Mann eingestellt. Weil die Nachbarin über sie reden würde, traute sie sich nicht mehr aus der Wohnung und schickte die Kinder zum Einkaufen. Obwohl sie das Radio unendlich laut aufdrehte, waren ihre Stimmen immer noch zu hören. Im Aufnahmegespräch wirkte sie vorgealtert, war nachlässig gekleidet und ungepflegt. Während der Exploration weinte sie oft, ihre Sprachäußerungen waren sehr einfach.

Aus Wittchen & Hoyer (2011), S. 799

Übungsaufgaben

10.1 Welche typischen Symptome einer psychotischen Episode zeigt Frau S. aus dem Fallbeispiel?

10.2 Was bedeutet „Positivsymptomatik" und was „Negativsymptomatik"? Welche Symptome gehören jeweils dazu?

10.3 Welcher anderen psychischen Störung ähnelt das Erscheinungsbild der Negativsymptomatik der Schizophrenie?

10.4 Was sollten Sie als Polizeibeamter im Umgang mit einer Person im floride psychotischen Zustand beachten?

11 Psychische Störungen in der polizeilichen Praxis

11.1 Erkennen von psychischen Störungen

Wie unter 1.4 dargestellt sind psychische Störungen in der Allgemeinbevölkerung relativ häufig, so dass auf den epidemiologischen Befunden basierend als Untergrenze davon ausgegangen wird, dass jeder dritte polizeiliche Kontakt mit einer psychisch auffälligen Person stattfindet. Dazu kommt, dass Menschen mit psychischen Störungen im Vergleich zu psychisch Gesunden im Verhältnis eher häufiger als seltener gegen Gesetze verstoßen, so dass Einsätze, die in irgendeiner Form mit psychisch auffälligen Personen zu tun haben, im polizeilichen Berufsalltag relativ häufig sein werden. Wie zu Beginn des Buches dargestellt, sind die die typischen Einsatzanlässe vielfältig und betreffen z. B. Notrufe wegen einer gewalttätigen Person bzw. zur Konfliktschlichtung, insbesondere bei Familienstreitigkeiten sowie Notrufe wegen hilfsbedürftigen Personen, die z. B. vermisst werden oder einen Suizidversuch unternommen haben und dann den psychiatrischen Diensten zugeführt werden müssen. Auch Kontakte im Zusammenhang mit Alkohol- oder Drogenmissbrauch gehören zum polizeilichen Alltag und bergen oft die Gefahr, dass sich eine aggressive Dynamik entwickelt.

Aufgrund dieser regelmäßigen Kontakte mit Menschen mit einer psychischen Störung, ist es wichtig, das Vorliegen einer Störung zu erkennen und das eigene Verhalten und mögliche Folgemaßnahmen entsprechend anzupassen. Denn diese Kontakte können die Polizeibeamten vor besondere Anforderungen in der Interaktion stellen und machen zum Teil besondere Folgemaßnahmen erforderlich (z. B. Angehörige über hilfeleistende Institutionen informieren). Um Hinweise auf eine psychische Störung zu erkennen und richtig zu deuten, muss man die Bandbreite psychopathologischer Reaktionen kennen und von normalpsychologischen Reaktionen in extremen Situationen abgrenzen können. Denn psychische Störungen äußern sich nicht nur in akut psychotischen Symptomen oder Zuständen massiver Erregung.

Um Hinweise auf mögliche psychische Störungen fundierter zu erkennen bzw. einzuschätzen, sollten im Kontakt mit auffälligen Bürgern folgende psychische Funktionen auf eine Störung hin überprüft werden:

- **Steuerungsfähigkeit:**

  Bewusstsein, Aufmerksamkeit und Orientierung

  Wenn die Person erheblich verwirrt oder benommen ist oder sich nur auf bestimmte Erlebnisinhalte ausrichtet (z. B. Suizid), ist von einer zumindest temporären Störung des Bewusstseins auszugehen. Ist die Person zwar ausreichend wach und ansprechbar, aber nicht in der Lage, Gesprächen oder Anweisungen zu folgen (z. B. „Zeigen Sie mir bitte Ihre Hände."), ist die Aufmerksamkeit erheblich beeinträchtigt (z. B. Probleme der Konzentration, Auffassungsgabe). Kommunikative Strategien sind dann wahrscheinlich nicht möglich. Bei einer Störung der Orientierung können Personen nicht mehr ihre räumliche, zeitliche oder situative Umgebung einordnen.

- **Veränderte Emotionalität oder Stimmung:**

  Der Situation unangemessene oder sich widersprechende Gefühle sowie eine geringe oder erhöhte emotionale Ansprechbarkeit (z. B. schnell wechselnde Stimmungsschwankungen) deuten auf eine Störung des Affekts hin.

- **Eingeschränkte kognitive Funktionen:**

  Wahrnehmung, Denken, Sprache und Gedächtnis

  Formale Denkstörungen zeigen sich unter anderem in verlangsamten oder beschleunigten Denkprozessen (z. B. Redefluss), unlogischem Denken (z. B. zusammenhangsloses Reden) oder eingeengtem Denken (z. B. immer gleiche Themen). Bei inhaltlichen Denkstörungen und Wahrnehmungsstörungen fehlt den Betroffenen der Realitätsbezug (z. B. merkwürdig erscheinende Gedanken oder Interpretationen der Wirklichkeit, Wahnvorstellungen, Halluzinationen). Störungen des Gedächtnisses können die Aufnahme, das Abspeichern oder den Abruf von Erinnerungen betreffen (z. B. verminderte Merkfähigkeit, Gedächtnisausfälle).

- **Intelligenz:**

  Intelligenzminderungen betreffen das Allgemeinwissen, rechnerische Fähigkeiten, die Ausdrucksfähigkeit oder das Abstraktionsvermögen (z. B. Unvermögen, Pläne zu schmieden) sowie eine Verlangsamung der Informationsverarbeitung und des Abrufs von Erinnerungen. Im Gespräch kann sich dies z.B. auch darin äußern, dass die Person länger benötigt, um auf eine Frage zu antworten oder diese inhaltlich unpassend beantwortet. Auch ist es wahrscheinlich, dass aufgrund eines eingeschränkten Begriffsverständnisses und Wortschatzes (komplexere) Fragen oder Aussagen nicht, falsch oder nur zum Teil verstanden werden. Je nach Grad der Intelligenzminderung werden die Angaben der Betroffenen nur knapp, wenig detailreich und einfach strukturiert ausfallen. Wichtig ist im Umgang mit erwachsenen intelligenzgeminderten Personen, dass man sich zwar sprachlich auf sie einstellen muss (z.B. kurze und einfache Sätze), sie aber keinesfalls wie Kinder behandeln darf [31].

31 Niehaus (2017).

- **Antrieb und Motorik:**

  Störungen des Antriebs bzw. der Motorik reichen von einer Antriebsminderung mit verlangsamten Bewegungen oder gar Bewegungslosigkeit bis hin zu einer gesteigerten Aktivität mit Bewegungsdrang (z. B. hysterisch-überdrehte Unruhe) sowie einem schnellen Wechsel von einem ins andere Extrem. Auch unpassend wilde oder starre Mimik und Gestik deuten auf das Vorliegen einer psychischen Störung hin.

Grundsätzlich ist als Faustregel zum Erkennen einer psychischen Störung zu beurteilen, ob das gezeigte Verhalten des Gegenübers **der Situation angemessen** ist. Denn auffälliges Verhalten kann viele Gründe haben (z. B. Angst vor Strafverfolgung, Erleben von Extrembelastung, z. B. als Zeuge oder Opfer eines Übergriffs oder schweren Verkehrsunfalls), ohne dass diesem eine psychische Störung zugrunde liegt. In jedem Fall ist das Verhalten des Gegenübers genau zu beobachten und das eigene Verhalten entsprechend anzupassen. Reagiert die Person z. B. nicht auf polizeiliche Anweisungen, sind weitere kommunikative Strategien einzustellen.

📖 Hermanutz & Litzcke (2004): *Standards für den Umgang mit psychisch Kranken im polizeilichen Alltag* (S. 43–47)

📖 Litzcke & Hermanutz (2004): *Polizeirelevante psychische Störungen* (S. 4, 9)

📖 Nedopil (2007): *Forensische Psychiatrie:*
Kapitel 10.1.1 „Psychische Funktionen und ihre Störungen (S. 89–93)

11.2 Risikokonstellationen im Zusammenhang mit psychischen Störungen

11.2.1 Gewaltpotenzial verschiedener psychischer Störungen

Bestimmte psychische Störungen weisen im Vergleich zur Normalbevölkerung ein erhöhtes Aggressions- bzw. Gewaltpotenzial auf und daher auch erhöhte Delinquenzraten z. B. für Tötungsdelikte oder Körperverletzungen, aber auch Raubdelikte. Dieses erhöhte Gewaltrisiko fällt für psychisch erkrankte Frauen im Vergleich zu gesunden Frauen nochmals höher aus als bei den Männern. Die Opfer der Gewaltdelikte sind meist dem psychisch erkrankten Täter nahestehende Personen (z. B. Familie, Freunde, Bekannte) oder Personen, die im öffentlichen Raum mit den Tätern konfrontiert werden (z. B. Therapeuten, Ärzte, Polizeibeamte).

Ein erhöhtes Gewaltpotenzial geht unter anderem von **Störungen** aus dem **psychotischen** Formenkreis wie der Schizophrenie aus (z. B. Wahnvorstellungen, Halluzinationen). So begehen Schizophrene 4-mal mehr Gewaltverbrechen als die Normalbevölkerung und haben im Vergleich zu anderen psychischen Störungen die höchste Wahrscheinlichkeit, straffällig zu werden. Polizeiliche Kontakte ergeben sich aber nicht nur aufgrund von Fremdgefährdung, sondern oft auch aufgrund von Selbstgefährdung, Ruhestörung oder Hilfegesuche. Weitere psychische Störungen, von denen ein erhöhtes Gewaltrisiko ausgeht, sind **Störungen im Zusammenhang mit Substanzmissbrauch** (z. B. akute Intoxikationen, Abhängigkeiten) und **Persönlichkeitsstörungen**, insbesondere dissoziale Persönlichkeitsstörungen und insbesondere Fremdtötungen. Von Angststörungen geht dagegen kaum ein Gewaltrisiko aus. Bei Vorliegen einer depressiven Episode sind zwar in geringerem Maße spontan aggressive Reaktionen gegenüber PolizeibeamtInnen zu erwarten, eine Depression kann jedoch das Risiko (schwerer) Gewaltdelikte wie Mord, Mordversuch, schwere Körperverletzung, Vergewaltigung oder Raub ebenfalls erhöhen[32]. Wenn mehrere psychische Störungen gleichzeitig vorliegen, steigt das Gewaltrisiko zusätzlich. Besonders erheblich steigt es aber bei Substanzmissbrauch zusätzlich zu einer anderen psychischen Störung.

11.2.2 Besondere Risikofaktoren im Zusammenhang mit psychischen Störungen

Wie bereits dargestellt, steigt das Gewaltrisiko enorm, wenn psychisch Erkrankte zusätzlich unter dem **Einfluss psychotroper Substanzen** wie Alkohol oder Drogen stehen. Daneben gibt es aber noch eine Reihe anderer Faktoren, die das Gewaltrisiko ausgehend von einer psychisch erkrankten Person und damit auch das Eskalationsrisiko im polizeilichen Kontakt erhöhen. Diese Risikofaktoren liegen in der psychisch erkrankten Person selbst, der Umgebung oder dem Verhalten der Einsatzkräfte. In den meisten Fällen, in denen die Situation eskaliert und es zu Verletzten oder Toten auf mindestens einer der beiden Seiten gekommen ist, lagen mehrere solcher Risikofaktoren parallel vor. In den meisten Fällen hatte die **Situation** z. B. durch Enge, Bedrängnis, Dunkelheit oder fehlende Fluchtmöglichkeiten schon per se eine *bedrohliche Wirkung*. Auch störende bzw. provozierende Reize

32 z. B. Fazel, Wolf, Chang, Larsson, Goodwin & Lichtenstein (2015). Hier lag bei Kontrolle einer Reihe sozioökonomischer Faktoren (z. B. Einkommen oder Herkunft) bei Auswertung von 47.000 Registerdaten die Rate polizeilicher Auffälligkeit wegen schwerer Gewaltdelikte bei Depressiven 3-fach höher als in der gleichaltrigen nicht-depressiven Bevölkerung.

oder *Reizüberflutung* können dazu beitragen (z. B. Publikum, laute Umgebung). Diese Bedrohlichkeit kann durch das Verhalten der eingesetzten **Polizeibeamten** noch verstärkt werden. So können zu *wenig Abstand* zur psychisch erkrankten Person, *inkonsequentes* und damit unvorhersehbares *Handeln* sowie *Zwangseinweisungen* oder Drohungen der Beamten bedrohlich wirken und das Bedrohungsgefühl für den Betroffenen weiter steigern. Aber auch ein rücksichtslos-überheblicher, *provozierender* oder gar verletzender *Umgang* sowie Passivität und mangelnde Kooperation können die Aggression bei psychisch erkrankten Personen weiter entfachen. Für diese Personen können aber auch ganz neutrale Reize wie die Uniform, eine offen getragene Waffe oder eine Sonnenbrille als gefährlich und bedrohlich interpretiert werden.

Auf Seiten der **psychisch erkrankten Person** selbst gibt es ebenfalls zahlreiche Risikofaktoren, die eine Gewalttat wahrscheinlicher machen. Neben allgemeinen soziodemographischen Faktoren wie junges Alter, Arbeitslosigkeit, niedrige soziale Herkunft sowie das Vorliegen früherer Vergehen (z. B. Personen oft der Polizei bekannt), gibt es auch einige Risikofaktoren spezifisch im Zusammenhang mit psychischen Störungen. Diese sind z. B. eine akute *Verzweiflung* (z. B. persönliche Krise, Hoffnungslosigkeit oder Ausweglosigkeit), das aktuelle *Fehlen einer Behandlung* oder selbstständig abgesetzte Medikation. Solche Risikofaktoren sind in einer Gefahrensituation natürlich kaum zu erfassen, sondern zeigen, wie wichtig es ist, bereits zuvor möglichst viele *Informationen zu gewinnen*.

In der Gefahrensituation selbst gibt das Verhalten des Betroffenen am meisten Auskunft über eine mögliche bevorstehende aggressive Handlung. Besondere Vorsicht ist z. B. geboten bei einem hohen *Erregungsniveau* und deutlicher *Angst* (z. B. hektisches Umherschauen), übertriebenen Bewegungen oder plötzlichem *Bewegungsstillstand* oder einem raschen Wechsel dazwischen sowie schnell wechselnden *Stimmungslagen*. Ignoriert der Betroffene die polizeilichen Anweisungen, z. B. auch wenn er nicht mehr in der Lage ist, diese zu verstehen, und zeigt er eine *feindselige, unkooperative Haltung*, ist dies ebenfalls als Warnsignal zu sehen. Besondere Eskalationsgefahr besteht selbstverständlich auch, wenn der Betroffene eine *Waffe*, meist sind dies Messer oder andere Stichwaffen, mit sich führt, verbale oder non-verbale *Drohungen* ausspricht (z. B. mit Waffe winken, Sachbeschädigung) oder *selbstverletzendes Verhalten* zeigt. Instrumentell eingesetzte, zielgerichtete Gewalt, wie sie z. B. für die dissoziale Persönlichkeitsstörung typisch ist, ist dagegen nur schwer vorherzusehen.

11.2.3 Risikopotenzial bei psychotischen Störungen

Handelt es sich bei der psychisch erkrankten Person um einen Psychotiker oder Schizophrenen mit akut psychotischen Symptomen, ist ein besonders behutsamer und vorsichtiger Umgang seitens der Einsatzkräfte erforderlich. Denn durch seine Fehlwahrnehmung der Realität in Form von Wahn und Halluzinationen befindet sich der Betroffene bereits in einem **Zustand der Angst und Bedrohung**. Diese Besonderheiten von Psychotikern, die aggressive Reaktionen bei Stress begünstigen, werden dadurch noch weiter verstärkt, dass Personen mit Wahnvorstellungen dazu neigen, die Ursache für negative Ereignisse auf andere Personen zu externalisieren[33], d.h. sie empfinden andere als Ursache eigener negativer Gefühle und Ereignisse und nehmen andere als schlecht[34] oder überlegen[35] wahr. Seine Angst versucht der Psychotiker unter Kontrolle zu bekommen, indem er sich gegen seine Wahnvorstellungen und Halluzinationen zur Wehr setzt: Er bewaffnet sich. Fordern Polizeibeamte eine psychotische Person, die sich aus Angst z.B. mit einem Messer bewaffnet hat, dazu auf, dieses nieder zu legen (auch wenn er sich damit beispielsweise gerade selbst verletzt und zunächst keine Fremdgefährdung darstellt), werden sie als Ursache für die eigene Angst und als bedrohlich empfunden und ggf. sogar in den Wahn integriert. Verstärkt wird dies dadurch, dass Psychotiker z.B. eine höhere Empfindlichkeit für Gesichter, die externe Bedrohung signalisieren[36], aufweisen und zudem stärker[37], mit intensiveren Emotionen[38] und einer erhöhten Cortisolfreisetzung[39] auf Stress reagieren als gesunde Menschen. Würde der Psychotiker der Forderung von Polizeibeamten, die Waffe fallen zu lassen, folgeleisten, wäre er seiner Wahrnehmung nach der Situation schutzlos ausgeliefert. Solche Forderungen verstärken seine Angst also und je mehr Einsatzkräfte anrücken, je näher sie ihm kommen und je provozierender diese sich verhalten (z.B. besonders radikale Sicherungsmaßnahmen), desto bedrohlicher wird die Situation für ihn. Seine Angst und damit auch sein aggressives Verhalten werden durch die polizeilichen Maßnahmen so nur weiter hochgeschaukelt. In der Folge beginnt der Betroffene aus seiner Angst heraus die Beamten zu bedrohen, sodass die Situation schnell eska-

33 Lincoln, Mehl, Exner, Lindenmeyer & Rief (2010); Mehl, Rief, Lüllmann, Ziegler, Müller & Lincoln (2010).

34 Fowler, Freeman, Smith, Kuipers, Bebbington, Bashforth, … & Garety (2006).

35 Gilbert, Boxall, Cheung & Irons (2005).

36 Tso, Calwas, Chun, Mueller, Taylor & Deldin (2015).

37 Lange, Deutschenbaur, Borgwardt, Lang, Walter & Huber (2017).

38 Myin-Germeys, van Os, Schwartz, Stone & Delespaul (2001).

39 Lange, Deutschenbaur, Borgwardt, Lang, Walter & Huber (2017).

lieren kann und die Polizeibeamten sich gezwungen sehen, ihn unter Gebrauch der Schusswaffe niederzustrecken. So sind zwischen 2007 und 2014 sechszehn psychisch Kranke Menschen durch polizeilichen Schusswaffengebrauch getötet worden.

🕮 Finzen (2014): *Polizei-Interventionen – jeder dritte Tote war psychisch krank* (S. 50–52)

🕮 Füllgrabe (o. D.): *Sicherheit im Umgang mit psychisch gestörten Menschen:*
Kapitel 5 „Kommunikationsfehler“ (S. 9–11)

🕮 Hermanutz & Litzcke (2004): *Standards für den Umgang mit psychisch Kranken im polizeilichen Alltag* (S. 40–43)

🕮 Kastner (2011): *Aggressives Verhalten in der Psychiatrie:*
Kapitel 1.3.1.2 „Forschungsstand – Prädiktoren aggressiven Patientenverhaltens“ (S. 55)

🕮 Litzcke & Hermanutz (2004): *Polizeirelevante psychische Störungen* (S. 5–10)

Fallbeispiel 1

Tödliche Schüsse am Neptunbrunnen (2013)

Manuel F. ist schizophren. Laut Angabe seines Bruders hat er die Therapie abgebrochen und verweigert die Einnahme seiner Tabletten. Er wird während eines Polizeieinsatzes durch einen Beamten erschossen, die Staatsanwaltschaft stellt das Verfahren gegen den Beamten, der geschossen hatte, ein: Notwehr. Der Tote stand während des Einsatzes unter dem Einfluss von Drogen, Amphetamine und Haschisch. Der Bruder des Toten, Jonas F., der den Einsatz und den tödlichen Schuss durch ein Handyvideo am selben Abend gesehen hatte, zweifelt an diesem Urteil, fragt ob der Tod seines Bruders nicht hätte verhindert werden können.

Am 28. Juni 2013 wird in Berlin die Polizei alarmiert. Was die Akten genau sagen, ist Folgendes: Um 9.35 Uhr ging der erste Funkspruch bei der Berliner Polizei ein. Ein Mann (Manuel F.) soll nackt im Neptunbrunnen sitzen und sich mit einem Messer selbst verletzen. Herr K., ein Wachschutzmann vom Roten Rathaus, hat die Polizei über Funk informiert. Nach dem Anruf trat Herr K. näher an den Neptunbrunnen heran, versuchte den Mann anzusprechen. Er sei der Messias, sagte dieser ihm und fing an, sich mit einem Brotmesser in den Hals zu sägen. Um 9.42 Uhr meldeten der Polizeibeamte F. und sein Kollege, dass sie an Ort und Stelle seien. Kurz darauf trafen sieben Polizisten der Einsatzhundertschaft und ein Rettungswagen ein. Durch Zuruf vom Wachhabenden K. erfuhren die Beamten, dass der Nackte im Brunnen ein Messer bei sich habe und sich für den Messias halte. Um 9.44 Uhr waren neun Polizisten und ein Rettungswagen am Neptunbrunnen.

Während F. und sieben seiner Kollegen sich rund um den Brunnen postierten, stieg der Polizeibeamte B. in den Brunnen und versuchte, Manuel F. anzusprechen. Vergeblich, Manuel F. blieb stumm. Als der Beamte merkte, dass Manuel F. nicht reagierte, stieg er wieder aus dem Brunnen heraus. Ungefähr zur selben Zeit, als der Beamte B. aus dem Brunnen stieg, ging der Polizist F., seit 6.45 Uhr im Dienst, mit Schlagstock in den Brunnen. Er näherte sich dem nackten Mann. Manuel sieht ihn, erschrickt, springt auf, in der rechten Hand das Messer, Klingenlänge 17 Zentimeter. Was geschah, nachdem Manuel F. aufgestanden ist, zeigt das Video, das ein Passant gemacht hat: Manuel F. ging langsam auf den Polizisten F. zu. Das Brotmesser hielt er dabei in der rechten Hand, der rechte Arm schlenderte beim Gehen hin und her. Eine gezielte Stichbewegung sieht man nicht. Während Manuel F. auf den Beamten F. zuging, lief dieser rückwärts in Richtung Brunnenrand. Fünf Sekunden lief Manuel F. auf den Beamten zu. Fünf Sekunden, in denen der Polizeibeamte F. weder einen Warnschuss abgab noch direkt androhte, dass er schießen werde. Nach dem Landespolizeigesetz sind Polizisten verpflichtet, entweder einen Warnschuss in die Luft abzugeben oder den Schuss anzudrohen. Der Beamte F. rief bloß „Messer weg!". Dann schoss er.

Nach dem Schuss, auch das zeigt das Video, stieg der Polizeibeamte mühelos aus dem Brunnen. In der Begründung der Staatsanwaltschaft für die Einstellung des Verfahrens [der Beamte habe in Notwehr gehandelt], heißt es unter anderem, der Brunnenrand sei für den Beamten ein unüberwindbares Hindernis gewesen. Der Brunnenrand ist circa 40 cm hoch. Doppelt so hoch wie eine normale Treppenstufe.

[...] Auszüge aus der Vernehmung des Beamten F.: „Nachdem ich meine Waffe auf die Person gerichtet hatte, blieb diese in circa 3 m Entfernung zu mir kurz stehen, ging aber dann weiter auf mich zu. Als die Person noch ungefähr 1,5 m von mir weg war und immer noch auf mich zukam, habe ich geschossen." Wie hat sich die Person dann weiter verhalten? „Erst schaute sie mich vermutlich ungläubig an, die Augen waren vorher schon weit aufgerissen, weiteten sich aber nun noch mehr. Danach schaute sie auf ihre Brust hinunter, erkannte den Einschuss, fing an zu schwanken und sackte dann zusammen."

Zusammengefasst aus Ahr (2013) und Aisslinger (2016)[40]

40 Ahr, N. (2013). Tödlicher Schuss auf einen verwirrten Mann. Zeit Online – Serie Polizeigewalt. Verfügbar unter: http://www.zeit.de/gesellschaft/zeitgeschehen/2013–11/berlin-neptunbrunnen-polizei-schuss-toter. [29.08.2020].
Aisslinger, M. (2016). Manuel stirbt. Zeit Online – Serie Polizeigewalt. Verfügbar unter: http://www.zeit.de/2016/10/polizeigewalt-psychisch-kranke-alexanderplatz. [29.08.2020].

Fallbeispiel 2

Schüsse im Berliner Dom (2018)

Der 53-Jährige, der im Berliner Dom randaliert und Polizisten mit einem Messer bedroht hatte, kommt in die Psychiatrie. Am 3. Juni 2018 drängen sich Touristen in der evangelischen Kirche am Lustgarten. Plötzlich schreit ein Mann herum und beleidigt Menschen um ihn herum: Roman M. – seit Jahren depressiv und an Verfolgungswahn leidend. „Ich wollte den Vatikan anklagen, den Menschen die Verstrickung zwischen Kirche und den Weltkriegen erklären. Eigentlich wollte ich in die katholische St.-Hedwigs-Kathedrale", sagt er. Im Wahn verwechselt Roman M. die Gotteshäuser.

Eine Dom-Mitarbeiterin alarmiert in Panik die Polizei, spricht von einem verbal aggressiven „Messer-Mann". Bevor ein Streifenwagen mit zwei Beamten eintrifft, hatte das Personal die Kirche bereits räumen lassen. Es befanden sich bis dahin etwa 100 Menschen im Dom. Im Bereich des Altars kommt es im mittlerweile ansonsten menschenleeren Dom zu einer Konfrontation zwischen dem Randalierer und den beiden Polizisten. Ein Wortgefecht. Ein Tritt. Drohend geht M. auf die Beamten zu. Er hat etwas in seiner Hand. Ein Messer?

Der Mann lässt sich von den Polizisten zunächst nicht beruhigen – im Gegenteil: Durch die Gegenwart der Beamten fühlt sich Roman M. offenbar noch mehr dazu angestachelt, um sich zu schlagen und zu pöbeln. Auf wiederholte Bitten der Beamten, sich zu beruhigen, reagiert er nicht.

Zunächst benutzen die Beamten Pfefferspray, um ihn zur Aufgabe zu bewegen. Das zeigt offenbar keine Wirkung. Da sich Roman M. nach Ermittlerangaben nicht beruhigen ließ und das Messer in der Hand behielt, schoss schließlich ein Polizist mehrmals und verletzte den Mann an den Beinen. Er traf dabei auch einen Kollegen, der aber nur leicht verletzt wurde und noch am selben Tag das Krankenhaus wieder verlassen konnte.

Laut Roman M. schoss der Beamte fünfmal auf ihn. „Vier Kugeln haben mein Schienbein zertrümmert", sagt er. „Drei Zentimeter des Knochens fehlten. Ich lag sechs Tage im Koma." Es folgten mehrere Operationen.

Die Ermittlungen der Staatsanwaltschaft ergaben: Es konnte nicht festgestellt werden, dass M. die Beamten mit einem Messer bedroht hat. – Ja, er habe eines in seiner Tasche dabei gehabt, behauptet Roman M.: „Ich wollte es zum Schleifen bringen und niemanden attackieren. In der Hand hielt ich nur meine Dom-Eintrittskarte." Er war zum Zeitpunkt der Attacke schuldunfähig, stellt aber keine Gefahr für die Allgemeinheit dar, so das Gutachten. „Ich habe mir damals die falschen Medikamente besorgt und genommen", sagt Roman M. heute.

Eigene Zusammenfassung aus:[41]

41 Berliner Morgenpost (2018). Schüsse im Berliner Dom: Randalierer kommt in Psychiatrie. Verfügbar unter: https://www.morgenpost.de/berlin/article214653799/Schuesse-im-Berliner-

Fallbeispiel 3

Tödliche Schüsse in einer Reha-Klinik für psychisch Kranke (2017)

Ein 61-jähriger Bewohner einer Reha-Einrichtung für psychisch kranke, behinderte oder gefährdete Personen in Emmendingen ist am Donnerstagabend von einem Polizisten erschossen worden. Zuvor hatte ein Mitarbeiter gegen 18.30 Uhr die Polizei alarmiert, da der Patient aggressiv sei. Vor Ort sei der Mann mit einem Messer auf die beiden Streifenbeamten des Polizeireviers Emmendingen zugelaufen. Daraufhin hätten die beiden Beamten dem Mann damit gedroht, Pfefferspray einzusetzen. Dies taten die Beamten dann auch, nachdem der Patient die Warnung missachtet hatte. Doch das Pfefferspray habe offenbar keine Wirkung gezeigt, so der Polizeisprecher.

Ein Polizist hätte daraufhin drei Mal auf den 61 Jahre alten Mann geschossen. Aus Notwehr, wie die Polizei betont. Die Entscheidung, zu schießen, musste innerhalb weniger Sekunden getroffen werden – in einer akuten Bedrohungslage, sagt der Sprecher. Der 61-Jährige sei noch vor Ort seinen Verletzungen erlegen.

Nach jetzigem Stand seien die Beamten von dem 61 Jahre alten Mann „unmittelbar mit einem Messer bedroht und in aggressiver Weise angegriffen" worden. Nicht nur die Beamten, sondern auch andere Bewohner und Mitarbeiter der Einrichtung seien nach Ansicht der Ermittler durch den Mann bedroht gewesen. Die Beamten hätten nach den Schüssen versucht, den Mann zu reanimieren. Doch der 61-Jährige sei wenig später verstorben.

Der 61-Jährige litt unter einer psychischen Erkrankung und wohnte schon länger in der Einrichtung. Nach Informationen der Deutschen Presseagentur habe es mit dem Mann immer wieder Probleme gegeben.

Es ermittelt nun die Kripo Freiburg in Zusammenarbeit mit der Staatsanwaltschaft. Die Ermittler werden klären müssen, warum der Mann zum Messer griff. Und die Reaktion der Beamten beurteilen.[42]

Dom-Randalierer-kommt-in-Psychiatrie.html: https://www.bz-berlin.de/berlin/er-randalierte-im-berliner-dom-vier-kugeln-haben-mein-bein-zertruemmert [29.08.2020].
Lukaschewitsch, M. (2018). Polizist schießt auf Messer-Mann im Berliner Dom. B.Z. online. Verfügbar unter: https://www.bz-berlin.de/berlin/mitte/schuesse-in-berliner-dom-polizeibeamter-soll-gefeuert-haben [29.08.2020]
Hasselmann, J., Hofmann, L., Krause, S. & Salmen, I. (2018) Randalierer liegt im künstlichen Koma. Tagesspiegel online. Verfügbar unter: https://www.tagesspiegel.de/berlin/polizei-justiz/schuesse-im-berliner-dom-randalierer-liegt-im-kuenstlichen- koma/22637892.html [29.08.2020].

42 BZ-Redaktion (2017): Polizist erschießt Reha-Patienten in Emmendingen – Pfefferspray zeigte wohl keine Wirkung. Badische Zeitung Online. Verfügbar unter: https://www.badische-zeitung.de/polizist-erschiesst-reha-patienten-in-emmendingen-pfefferspray-zeigte-wohl-keine-wirkung--136383324.html [10.09.2020].

Übungsaufgaben

11.1 Was hat in den drei Fallbeispielen zur jeweiligen Eskalation der Situation geführt? Analysieren Sie dies zunächst für jeden Fall separat und untersuchen Sie dann mögliche Gemeinsamkeiten und Unterschiede.

11.2 Welche Risikoerhöhenden Faktoren finden Sie in Fallbeispiel 1?

11.3 Hätten die Eskalationen jeweils vermieden werden können? Wie hätten sich die Beamten Ihrer Meinung nach verhalten sollen? Ist das Verhalten der Beamten in den drei Fallbeispielen situationsangemessen und nachvollziehbar oder hätte es andere, möglicherweise geeignetere Reaktionen durch die Beamten gegeben?

11.4 Um welches Störungsbild könnte es sich bei der Person in Fallbeispiel 3 handeln? Welche Verhaltensweisen oder Informationen führen zu dieser Vermutung?

11.5 Welche Informationen wären für eine bessere Einschätzung der Fremdgefährdung in Fallbeispiel 3 nötig gewesen?

11.6 Wenn sie die Handlungsverläufe der drei Fallbeispiele betrachten: Worauf sollten Polizeibeamte beim Eintreffen in vergleichbaren Situationen achten?

11.3 Umgang mit Risikosituationen

Es gibt keine grundsätzlichen Standards, die einen gewaltfreien Ausgang von Konflikten mit psychisch erkrankten Personen garantieren. Es gilt, das eigene Verhalten jedes Mal individuell auf den Betroffenen und das Umfeld anzupassen. Dazu benötigt es einen professionellen und reflektierten Umgang mit der eigenen aufkommenden Angst, Verunsicherung und Aggression.

Dennoch gibt es ein paar Handlungsempfehlungen, die eine riskante Situation zu entschärfen vermögen und damit die Gefahr einer Eskalation vermindern. So sollte man trotz Wachsamkeit für Veränderungen Gelassenheit, Sachlichkeit und Ruhe ausstrahlen. Dies erreicht man am besten durch ein sicheres und geplantes Auftreten mit zielorientiertem und problemlösendem Handeln sowie einer eindeutigen Kommunikation mit dem Betroffenen und den Kollegen. Das heißt, unter den Kollegen sollten eindeutige Absprachen in Bezug auf die Aufgabenverteilung und dafür, wann ein Zugriff erforderlich ist, bestehen (z. B. Stichwort für Zugriff). In der Kommunikation mit dem Betroffenen sollte das Gespräch von den Polizeibeamten geleitet werden, es sollten aber auch seine Argumente angehört und zugelassen werden. Das eigene Auftreten sollte also nicht zu freundlich sein, da dies möglicherweise unsicher oder unauthentisch wirkt, aber auch nicht zu dominant, da dies bedrohlich wirken kann. Dazu hilft es, wenn man den Betroffenen trotz seiner Störung und evtl. akuten Symptome ernst nimmt und Verständnis für seine Probleme zeigt (z. B. bei erforderlichen Maßnahmen Positives wie den Erhalt von Hilfe oder zur Ruhe kommen herausstellen). Es empfiehlt sich eine entpathologisierende Haltung, also den Betroffenen nicht gleich spüren zu lassen, dass man ihn für abnorm hält (z. B. in Entscheidungen möglichst einbeziehen). Im Sinne des aktiven Zuhörens sollte man sich im Gespräch zum Betroffenen hinwenden und Blickkontakt halten, ohne ihn anzustarren. Um ihn kognitiv nicht zu überfordern und keinen Bedrohungsanschein zu wecken, sollten klare Anweisungen gegeben, deutlich und verständlich gesprochen und sich langsam bewegt werden (z. B. Gestik reduzieren).

Für ein entschlossenes Auftreten sollten alle Maßnahmen vorher angekündigt und dann auch konsequent durchgesetzt werden. Dabei sind aber möglichst ausreichend Distanz zu halten und unnötige Berührungen zu vermeiden. Ferner empfiehlt es sich zugunsten der Eigensicherung im Zweifelsfall – und sofern die Situation dies zulässt – zunächst lieber abzuwarten und andere Fachleute hinzuziehen. Denn es gilt zu beachten, dass Menschen mit einer psychischen Störung unter erheblicher Erregung und Angst stehen und so ein geringeres Schmerzempfinden haben und bei einem Zugriff enorme Kräfte entwickeln können. Maßnahmen wie z. B. der Einsatz von Pfefferspray können sich daher als nutzlos erweisen und im schlimmsten Fall nur die Aggression des Betroffenen steigern.

Füllgrabe (2011): *Der polizeiliche Umgang mit psychisch Gestörten* (S. 28–30)

Hermanutz & Litzcke (2004): *Standards für den Umgang mit psychisch Kranken im polizeilichen Alltag* (S. 40–43)

Zusammenfassung zur Gefährlichkeit von psychisch Auffälligen:

- Psychisch Kranke sind nicht per se gefährlicher als andere Menschen
- Ein erhöhtes Gewaltrisiko besteht vor allem bei Vorliegen einer Schizophrenie oder Substanzmissbrauch sowie insbesondere bei Kombination aus beidem.
- Probleme können insbesondere entstehen, wenn Medikamente vergessen oder (z. B. aufgrund mangelnder Krankheitseinsicht) eigenständig abgesetzt bzw. Behandlungen abgebrochen wurden und weitere psychosoziale und/oder situationale Risikofaktoren (z. B. Reizüberflutung, Enge) dazu kommen. Darüber hinaus beeinflusst die unmittelbare Interaktion mit der Person, also auch das polizeiliche Auftreten und Verhalten, deren Reaktion.
- Bei akuten Wahnvorstellungen ist das Verhalten einer Person unvorhersehbar, da neutrale Reize im Sinne des Wahns interpretiert werden können und dies von außen nicht erkennbar ist.
- Im Umgang mit psychisch Auffälligen ist vor allem wichtig:
  - Ruhe bewahren
  - Distanz halten
  - Wenn keine akute Selbst- oder Fremdgefährdung vorliegt: Deeskalierendes statt vorschnelles Handeln.

11.4 Vernehmung von Menschen mit einer psychischen Störung

Es kann immer wieder passieren, dass Personen mit einer psychischen Störung Zeuge, Opfer oder Beschuldigter einer Straftat sind und vernommen werden müssen. Je nach Störung können sich daraus für die Vernehmungssituation relevante Auffälligkeiten ergeben (z. B. Auftreten von Entzugssymptomen, Verhaltensauffälligkeiten).

Besonders wichtig zu erkennen sind aber **Störungen des Gedächtnisses oder der Wahrnehmung**, um keine falschen Schlussfolgerungen zu ziehen. Diese treten z. B. nach mechanischen Einwirkungen auf den Schädel (z. B. bei einem Sturz, Verkehrsunfall oder Schlag gegen den Kopf) oder körperlichen Erkrankungen vorwiegend des Gehirns (z. B. bei Tumoren) auf. Gedächtnis- und Wahrnehmungsstörungen treten aber auch im Zusammenhang mit psychischen Störungen auf, z. B. bei substanzinduzierten Störungen (akute Intoxikationen, Abhängigkeiten, Entzug), bei Demenz oder nach extremen Stresserlebnissen bzw. infolge von traumatischen Erfahrungen (z. B. Vergewaltigung, Geiselnahme). Bei Störungen des Gedächtnisses kann es zu Gedächtnislücken oder -verfälschungen kommen, die möglicherweise auch von Orientierungsstörungen begleitet werden. Bei Wahrnehmungsstörungen kann es sich um Illusionen (Verkennungen bzw. Umdeutungen von realen Sinnesreizen, z. B. ein Funkgerät wird zur Schusswaffe), Halluzinationen (Sinnestäuschungen ohne realen Sinnesreiz, z. B. Hören einer inneren Stimme) oder Wahnvorstellungen (nicht-reale Überzeugungen, z. B. Liebeswahn) handeln. Insbesondere bei traumatischen Erfahrungen kann es auch zu Dissoziationen kommen, sodass die Erfahrungen oder einzelne Aspekte gar nicht oder nur verzerrt abgespeichert wurden (z. B. Begebenheiten in Zeitlupe wahrgenommen). Manchmal erholen sich traumatisierte Personen zu einem späteren Zeitpunkt jedoch wieder von solchen Dissoziationssymptomen. Auch wenn traumatisierte Zeugen in der Regel aussagetüchtig sind, kann es dennoch sehr schwer und schmerzhaft für sie sein, über ihre Erfahrungen zu sprechen. Auch läuft das oftmals mit einer Traumatisierung einhergehende Vermeidungsverhalten bezüglich jeglicher mit dem traumatischen Ereignis zusammenhängender Aspekte dem Ziel einer polizeilichen Vernehmung zur genauen Rekonstruktion des Sachverhalts zuwider, so dass ein einfühlsames, geduldiges Vorgehen und zum Teil schrittweises Annähern an das Ereignis im Tempo des Opferzeugen erforderlich sein kann.

Unter dem Gesichtspunkt der Aussagetüchtigkeit, d. h. der Fähigkeit eine gerichtsverwertbare Aussage zu machen (deren Begutachtung natürlich nicht ins Aufgabengebiet der Polizei fällt), ist abschließend anzumerken, dass während eine akute Psychose zum Erlebnis- und/oder Aussagezeitpunkt sehr wahrscheinlich zur Aufhebung der Aussagetüchtigkeit führt, eine schizophrene Person, die sich nicht in einer floriden (akut psychotischen) Phase befindet, durchaus verwertbare Angaben machen kann, d. h. das Vorliegen einer Schizophrenie führt nicht per se dazu, dass die Person in einer Vernehmung keine zuverlässige Aussage als Zeuge, Geschädigter oder Beschuldigter machen kann, sondern hier ist das Zustandsbild zum Erlebnis- und Aussagezeitpunkt maßgeblich.

Bei zu vernehmenden Personen unter Alkoholeinfluss oder abhängigkeitskranken Personen ist eine differenzierte Betrachtungsweise notwendig: Bei akuter Alkoholintoxikation kann es zu Beeinflussungen der Wahrnehmung, überwiegend im Sinne einer eingeengten Wahrnehmung auf bestimmte Reize, kommen, so dass weniger Details in den Aussagen zu erwarten sind. Auch können sich je nach Schweregrad der Intoxikation Gedächtnislücken für bestimmte Episoden ergeben („Filmriss“). Bei Alkoholabhängigen muss aufgrund der Toleranzsteigerung trotz Nachweises des Alkohols im Blut nicht automatisch eine akute Intoxikation (mit daraus resultierender eingeschränkter Wahrnehmung) vorliegen, sondern es ist durchaus möglich, dass sie in ihren kognitiven Funktionen kaum oder sogar gar nicht beeinträchtigt sind. Zu Wahrnehmungs*veränderungen* wiederum kann es bei Entzug kommen, wenn dieser aufgrund der Schwere anderer körperlicher, neurologischer und psychologischer Begleiterscheinungen für Außenstehende deutlich erkennbar ist. Fehlen derartige psychopathologische Erscheinungsbilder ist nicht von einer veränderten, sondern ebenfalls nur von einer ggf. eingeengten Wahrnehmung auszugehen.

🕮 Greuel et al. (1998): *Glaubhaftigkeit der Zeugenaussage:*
Kapitel 3 „Die Beurteilung der Aussagetüchtigkeit" (S. 83–84)

🕮 Hermanutz & Litzcke (2004): *Standards für den Umgang mit psychisch Kranken im polizeilichen Alltag* (S. 46)

Übungsaufgaben

11.4 Bei welchen in diesem Buch behandelten Störungen könnte vor dem Hintergrund ihrer jeweiligen Charakteristik eine erhöhte Wahrscheinlichkeit bestehen, eine intentionale/absichtliche oder auch unbewusste Falschaussage bei der Polizei zu machen? Warum?

Literatur

AAA Abrechnung aktuell (2009). *Angststörungen: Diagnose, Therapie und Abrechnung.* Verfügbar unter: https://www.iww.de/aaa/archiv/aktuelles-fallbeispiel-angststoerungen-diagnose-therapie-und-abrechnung-f21290 [29.08.20 20].

Ahr, N. (2013). *Tödlicher Schuss auf einen verwirrten Mann.* Zeit Online – Serie Polizeigewalt. Verfügbar unter: http://www.zeit.de/gesellschaft/zeitgeschehen/2013–11/berlin-neptunbrunnen-polizei-schuss-toter. [29.08.2020]

Aisslinger, M. (2016). *Manuel stirbt.* Zeit Online – Serie Polizeigewalt. Verfügbar unter: http://www.zeit.de/2016/10/polizeigewalt-psychisch-kranke-alexanderplatz. [29.08.2020]

Aldenhoff, J. (1997). Überlegungen zur Psychobiologie der Depression. *Nervenarzt, 68,* 379–389.

American Psychiatric Association (2013). *Diagnostic and statistical manual of mental disorders – DSM-5* (5th ed.). Washington, DC: American Psychiatric Association.

Arolt, V., Reimer, C. & Dilling, H. (2007). *Basiswissen Psychiatrie und Psychotherapie.* Heidelberg: Springer.

Bandura, A. (1968). Imitation. In D. L. Sills (Hrsg.), *International encyclopedia of the social sciences* (Vol. 7). New York: Macmillan.

Bannenberg, B. (2017). *Schlussbericht Projekt TARGET, Teilprojekt Gießen: Kriminologische Analyse von Amoktaten – junge und erwachsene Täter von Amoktaten, Amokdrohungen.* BMBF.

Beck, A. T. (1967). *Depression: Clinical, experimental and theoretical aspects.* New York: Harper & Row.

Benecke, C. (2014). *Klinische Psychologie und Psychotherapie. Ein integratives Lehrbuch.* Stuttgart: Kohlhammer.

Berliner Morgenpost (2018). *Schüsse im Berliner Dom: Randalierer kommt in Psychiatrie.* Verfügbar unter: https://www.morgenpost.de/berlin/article 214653799/Schuesse-im-Berliner-Dom-Randalierer-kommt-in-Psychiatrie. htmlhttps://www.bz-berlin.de/berlin/er-randalierte-im-berliner-dom-vier-kugeln-haben-mein-bein-zertruemmert [29.08.2020].

Biedermann, J. (2020). „Messer weg" – Polizeilicher Umgang mit psychisch erkrankten Personen im Spannungsfeld zwischen Kommunikation und Zwangsanwendung. In W. Nettelnstroh (Hrsg.), *Erkenntnisse aus Wissenschaft und Praxis zur Polizeipsychologie* (S. 5–31). Frankfurt: Verlag für Polizeiwissenschaft.

Bundeskriminalamt (Hrsg.) (2018). *Partnerschaftsgewalt – Kriminalstatistische Auswertung.* Berichtsjahr 2018. Wiesbaden: BKA.

Bundeskriminalamt (Hrsg.) (2019). *Polizeiliche Kriminalstatistik. Jahrbuch 2019.* Band 1. Wiesbaden: BKA.

Bundesministerium für Gesundheit (2009). *Handbuch Alkohol – Österreich. Zahlen. Daten. Fakten. Trends.* (3. Auflage). Wien: Republik Österreich.

Bundespsychotherapeutenkammer (2018): *Psychische Erkrankungen verursachen weiter häufige Fehlzeiten. Ausgaben für Krankengeld höher als für Psychotherapie.* Berlin: Pressemitteilung.

Caspar, F., Pjanic, I. & Westermann, S. (2018). *Klinische Psychologie.* Wiesbaden: Springer.

Cleckley, H. (1976). *The mask of sanity* (5th ed.). St. Louis: Mosby.

Comer, R.J. (2008). *Klinische Psychologie* (6. Auflage). Heidelberg: Spektrum.

DAK (2015). *Psychoreport 2015. Deutschland braucht Therapie. Herausforderungen für die Versorgung.* Hamburg: DAK Gesundheit.

Davison, G.C., Neale, J.M. & Hautzinger, M. (2007). *Klinische Psychologie* (7. Auflage). Weinheim: Beltz.

Deutsche Alzheimer Gesellschaft e.V. (2018). *Informationsblatt 1: Die Häufigkeit von Demenzerkrankungen.* Verfügbar unter: https://www.deutsche-alzheimer.de/fileadmin/alz/pdf/factsheets/infoblatt1_haeufigkeit_demenzerkrankungen_dalzg.pdf [29.08.2020].

Deutsche Gesellschaft für Psychiatrie und Psychotherapie, Psychosomatik und Nervenheilkunde e.V. (2018*). Psychische Erkrankungen in Deutschland: Schwerpunkt Versorgung.* Verfügbar unter https://www.dgppn.de/_Resources/Persistent/f80fb3f112b4eda48f6c5f3c68d23632a03ba599/DGPPN_Dossier%20web.pdf [29.08.2020].

Deutsche Gesellschaft für Suchtforschung und Suchttherapie (DG-Sucht) & Deutsche Gesellschaft für Psychiatrie, Psychotherapie und Nervenheilkunde (DGPPN, 2003). Akutbehandlung alkoholbezogener Störungen. *Sucht, 49* (3), 147–167.

Deutsche Hauptstelle für Suchtfragen (2015). *Binge Drinking und Alkoholvergiftunge. DHS Factsheet.* Verfügbar unter: https://www.dhs.de/fileadmin/user_upload/pdf/Factsheets/Binge_drinking.pdf [10.10.2020].

Deutschenbaur, L. & Walter, M. (2014). Neurobiologische Effekte von Alkohol. *Psychiatrie & Neurologie, 1,* 4–10.

Dilling, H., Mombour, W. & Schmidt, M.H. (Hrsg.).(2015). *ICD-10. Internationale Klassifikation psychischer Störungen* (10., überarbeitete Aufl.). Göttingen: Hogrefe.

Ellrich, K., Baier, D. & Pfeiffer, C. (2012). *Polizeibeamte als Opfer von Gewalt. Ergebnisse einer Befragung von Polizeibeamten in zehn Bundesländern.* Baden-Baden: Nomos.

Fazel, S., Wolf, A., Chang, Z., Larsson, H., Goodwin, G.M., Lichtenstein, P. (2015). Depression and violence: a Swedish total population study. *Lancet Psychiatry, 2,* 224–232.

Fiedler, P. & Herpertz, S.C. (2016). *Persönlichkeitsstörungen* (7. Auflage). Weinheim: Beltz.

Finzen, A. (2014). Polizei-Interventionen – jeder dritte Tote war psychisch krank. *Psychiatrische Praxis, 41* (1), 50–52.

Fischer, G., & Riedesser, P. (2009). *Lehrbuch der Psychotraumatologie* (4. Auflage). München: Ernst Reinhardt Verlag.

Flatten, G. et al. (2011). *S2-Leitlinie. Diagnostik und Behandlung von akuten Folgen psychischer Traumatisierung. Trauma und Gewalt, 5(3)*, 214–221.

Fowler, D., Freeman, D., Smith, B.E.N., Kuipers, E., Bebbington, P., Bashforth, H., … & Garety, P. (2006). The Brief Core Schema Scales (BCSS): Psychometric properties and associations with paranoia and grandiosity in non-clinical and psychosis samples. *Psychological Medicine, 36(6)*, 749–759.

Füllgrabe, U. (1995). Stress, Angst, Furchtlosigkeit. Fähigkeiten und Vertrauen als Grundlagen von Furchtlosigkeit. *Magazin für die Polizei, 26* (236), 16–22.

Füllgrabe, U. (2011). Der polizeiliche Umgang mit psychisch Gestörten. *Deutsche Polizei, 10,* 28–30.

Füllgrabe, U. (o.D.) *Sicherheit im Umgang mit psychisch gestörten Menschen.* Verfügbar unter: http://www.xn--uwe-fllgrabe-hlb.de/mediapool/42/428554/data/Artikel/Menschenkenntnis/Psychisch_Gest_rte.pdf [29.08.2020].

Gasch, U. (2000). *Traumaspezifische Diagnostik von Extremsituationen im Polizeidienst: Polizisten als Opfer von Belastungsstörungen.* Berlin: Dissertation.

Gilbert, P., Boxall, M., Cheung, M. & Irons, C. (2005). The relation of paranoid ideation and social anxiety in a mixed clinical population. *Clinical Psychology & Psychotherapy, 12(2)*, 124–133.

Greuel, L., Offe, S., Fabian, A., Wetzels, P., Fabian, T., Offe, H. & Stadler, M. (1998). *Glaubhaftigkeit der Zeugenaussage.* Weinheim: Beltz.

Hare, R.D., Harpur, T.J., Hakstian, A.R., Forth, A.E., Hart, S.D. & Newman, J.P. (1990). The revised psychopathy checklist: reliability and factor structure. *Psychological Assessment: A Journal of Consulting and Clinical Psychology, 2*(3), 338.

Hasselmann, J., Hofmann, L., Krause, S. & Salmen, I. (2018). *Randalierer liegt im künstlichen Koma.* Tagesspiegel online. Verfügbar unter: https://www.tagesspiegel.de/berlin/polizei-justiz/schuesse-im-berliner-dom-randalierer-liegt-im-kuenstlichen- koma/22637892.html [29.08.2020].

Hautzinger, M. & Thies, E. (2009). *Klinische Psychologie: Anwendungsbereich Psychische Störungen. Workbook.* Weinheim: Beltz.

Hermanutz, M. & Litzcke, S.M. (2004). Standards für den Umgang mit psychisch Kranken im polizeilichen Alltag. *Polizei & Wissenschaft, 3,* 40–48.

Hermanutz, M., Stenzel, N. & Rief, W. (2012). Angst. In H. P. Schmalzl & M. Hermanutz (Hrsg.), *Moderne Polizeipsychologie in Schlüsselbegriffen* (3. Aufl.) (S. 26–37). Stuttgart: Boorberg.

Herpertz, S. & Saß, H. (2003). *Persönlichkeitsstörungen.* Stuttgart: Thieme.

Hapke, U., Schumann, A., Rumpf, H.-J. et al. (2006). Post-traumatic stress disorder: the role of trauma, preexisting psychiatric disorders, and gender. *European Archives of Psychiatry and Clinical Neuroscience, 256*, 299–306.

Horn, J. (2016). Persönlichkeitsstörungen. In C. Lorei & F. Hallenberger (Hrsg.), *Grundwissen Psychisch Kranke* (S. 23–66). Frankfurt: Verlag für Polizeiwissenschaft.

Horn, P. (2011). Person droht zu springen. Ein Leitfaden zur Verhandlung mit Suizidanten. *Notfall + Rettungsmedizin, 14,* 491–496.

Jacobi, F., Höfler, M., Strehle, J., Mack, S., Gerschler, A., Scholl, L., ... & Maier, W. (2014). Psychische Störungen in der Allgemeinbevölkerung. *Der Nervenarzt, 85*(1), 77–87.

Jellinek, E. M. (1952). Phases of alcohol addiction. *Quarterly Journal of Studies on Alcohol, 13,* 673–684.

Jellinek, E. M. (1960). *The Disease Concept of Alcoholism.* New Haven: College and University Press.

ka-news.de, 2017, https://www.ka-news.de/region/baden-baden/Baden-Baden~/Polizei-schockiert-Gaffer-filmen-Selbstmord-Androhung-in-Baden-Baden;art7653,2095038 [29.08.2020].

Kastner, H. (2009). Psychotherapie bei Psychopathie. *Neuropsychiatrie, 23* (1), 18–24.

Kastner, I. (2011). *Aggressives Verhalten in der Psychiatrie – Prädiktoren und Epidemiologie.* Regensburg: Dissertation an der Universität Regensburg.

Kircher, T. (2012). *Kompendium der Psychotherapie.* Berlin: Springer.

Lange, C., Deutschenbaur, L., Borgwardt, S., Lang, U. E., Walter, M. & Huber, C. G. (2017). Experimentally induced psychosocial stress in schizophrenia spectrum disorders: A systematic review. *Schizophrenia Research, 182*, 4–12.

Lasogga, F. & Gasch, B. (2008). *Notfallpsychologie: Lehrbuch für die Praxis.* Heidelberg: Springer.

Latscha, K. (2005). *Belastungen von Polizeivollzugsbeamten: empirische Untersuchungen zur posttraumatischen Belastungsstörung bei bayerischen Polizeivollzugsbeamten/-innen.* Verfügbar unter: https://edoc.ub.uni-muenchen.de/3250/1/Latscha_Knut.pdf [29.08.2020]

Lincoln, T. (2014). *Kognitive Verhaltenstherapie der Schizophrenie. Ein individuenzentrierter Ansatz* (2. Auflage). Göttingen: Hogrefe.

Lincoln, T. M., Mehl, S., Exner, C., Lindenmeyer, J. & Rief, W. (2010). Attributional style and persecutory delusions. Evidence for an event independent and state specific external-personal attribution bias for social situations. *Cognitive Therapy and Research, 34(3)*, 297–302.

Litzcke, S.M. (2004). Bekanntheit psychischer Störungen bei Polizeibeamten. *Polizei & Wissenschaft, 3,* 2–13.

Litzcke, S.M. & Hermanutz, M. (2004). Polizeirelevante psychische Störungen. *Polizei & Wissenschaft, 3,* 14–22.

Lukaschewitsch, M. (2018). *Polizist schießt auf Messer-Mann im Berliner Dom.* B.Z. online. Verfügbar unter: https://www.bz-berlin.de/berlin/mitte/schuesse-in-berliner-dom-polizeibeamter-soll-gefeuert-haben [29.08.2020].

Maercker, A., Forstmeier, S., Wagner, B. *et al.* (2008). Posttraumatische Belastungsstörungen in Deutschland. *Nervenarzt, 79*, 577–586.

Meermann, R. & Okon, E. (2016). Angststörungen. In C. Lorei & F. Hallenberger (Hrsg.), *Grundwissen Psychisch Kranke* (S. 5–22). Frankfurt: Verlag für Polizeiwissenschaft.

Mehl, S., Rief, W., Lüllmann, E., Ziegler, M., Müller, M.J. & Lincoln, T.M. (2010). Implicit attributional style revisited: Evidence for a state-specific "self-decreasing" implicit attributional style in patients with persecutory delusions. *Cognitive Neuropsychiatry, 15(5)*, 451–476.

Moritz, S., Veckenstedt, R., Randjbar, S. & Vitzthum, F. (2011). Theoretische Annahmen: Kognitive Verzerrungen bei Wahn. In S. Moritz, E. Krieger, F. Bohn & R. Veckenstedt (Hrsg.), *MKT+: Individualisiertes Metakognitives Therapieprogramm für Menschen mit Psychose.* Berlin: Springer.

Mowrer, O.H. (1947). On the dual nature of learning—a re-interpretation of „conditioning" and „problem-solving." *Harvard Educational Review, 17*, 102–148.

Murphy, C.M., Winters, J., O'Farrell, T.J., Fals-Stewart, W & Murphy, M (2005). Alcohol consumption and intimate partner violence by alcoholic men: comparing violent and nonviolent conflicts. *Psychology of Addicttive Behaviors, 19*, 35–42.

Myin-Germeys, I., van Os, J., Schwartz, J.E., Stone, A.A. & Delespaul, P.A. (2001). Emotional reactivity to daily life stress in psychosis. *Archives of General Psychiatry, 58(12)*, 1137–1144.

Nedopil, N. (2007). *Forensische Psychiatrie: Klinik, Begutachtung und Behandlung zwischen Psychiatrie und Recht* (3. Auflage). Stuttgart: Thieme.

Nedopil, N. (2009). Psychopathy und die Rückfallprognose für Gewalttaten. *Neuropsychiatrie, 23* (1), 34–41.

Niehaus, S. (2017). Besonderheiten der Einvernahme und Aussagebeurteilung bei Personen mit einer geistigen Behinderung. In R. Ludvig, S. Baumer & D. Tavor (Hrsg.), *Aussagepsychologie für die Rechtspraxis: Zwischen Wahrheit und Lüge* (S. 427-455). Zürich: Dike.

O'Farrell, T.J., Fals-Stewart, W., Murphy, M., Murphy, C.M. (2003). Partner violence before and after individually based alcoholism treatment for male alcoholic patients. *Journal of Consulting and Clinical Psychology, 71*, 92–102.

Österreichische Gesellschaft für Neuropsychopharmakologie und Biologische Psychiatrie (ÖGPB, 2011). Suizidalität. Konsensus-Statement State of the art 2011. *CliniCum NeuroPsy, Sonderausgabe April 2011*, 1–20.

Petermann, F. & Reinecker, H. (2005). *Handbuch der Klinischen Psychologie und Psychotherapie.* Göttingen: Hogrefe.

Pöldinger, W. (1968). *Die Abschätzung der Suizidalität.* Bern: Huber.

Pro Psychotherapie e. V. (o. J.). *Missbrauch und Sucht: Alkohol und Drogen.* Verfügbar unter: https://www.therapie.de/fileadmin/dokumente/pi/therapiede_Dossier_Sucht_und_Missbrauch.pdf [29.08.2020].

Ringel, E. (1953). *Der Selbstmord. Anschluß einer krankhaften Entwicklung.* Wien: Maudrich.

Schmeck, K. & Schlüter-Müller, S. (2009). *Persönlichkeitsstörungen im Jugendalter.* Heidelberg: Springer.

Sonneck, G., Kapusta, N., Tomandl, G. & Voracek, M. (2016). *Krisenintervention und Suizidverhütung* (3. Auflage). Wien: Facultas.

Teegen, F., Domnick, A. & Heerdegen, M. (1997). Hochbelastende Erfahrungen im Berufsalltagvon Polizei und Feuerwehr: Traumaexposition, Belastungsstörungen, Bewältigungsstrate-gien. *Verhaltenstherapie und psychosoziale Praxis, 4,* 583–599.

Tölle, R. & Windgassen, K. (2012). *Psychiatrie einschließlich Psychotherapie* (16. Auflage). Heidelberg: Springer.

Tso, I. F., Calwas, A. M., Chun, J., Mueller, S. A., Taylor, S. F. & Deldin, P. J. (2015). Altered attentional and perceptual processes as indexed by N170 during gaze perception in schizophrenia: Relationship with perceived threat and paranoid delusions. *Journal of Abnormal Psychology, 124(3)*, 519.

Ullrich, S. (1999). *Die Persönlichkeit von Straftätern. Psychopathologische und normalpsychologische Akzentuierungen.* Halle an der Saale: Dissertation an der Martin-Luther-Universität Halle-Wittenberg.

Voigtel, R. (2000). Formen der Sucht. *Forum der Psychoanalyse, 16* (1), 16–44.

Wittchen, H. U. & Hoyer, J. (2011). *Klinische Psychologie & Psychotherapie.* Heidelberg: Springer.

Wittmann, L., Jörns-Presentati, A. & Groen, G. (2020). How do Police Officers experience Interactions with People with Mental Illness? *Journal of Police and Criminal Psychology.* https://doi.org/10.1007/s11896-020-09398-8.

World Health Organization (1992). *The ICD-10 Classification of mental and behavioural disorders: Clinical descriptions and diagnostic guidelines.* Genf: World Health Organization.

World Health Organization (2006). *Constitution of the World Health Organization. Basic Documents* (45th ed.). Verfügbar unter: http://apps.who.int/gb/bd/PDF/bd47/EN/constitution-en.pdf?ua=1 [29.08.2020].

Glossar

Affekt	Kurze, intensive Gefühlsregung
Apathie	Teilnahmslosigkeit; Gleichgültigkeit der Umwelt gegenüber
Autoaggression	Absichtliches selbstverletzendes Verhalten bis hin zur Selbsttötung
Aversive Lebensereignisse	Belastende, traumatische Erfahrungen/Ereignisse die Auswirkungen auf die psy. Gesundheit haben können
Benzodiazepine	Tranquilizer; Psychopharmaka mit beruhigender, angsthemmender Wirkung
Chronizität	Lang anhaltender/dauerhafter Krankheitszustand (z. B. chronische Depression)
Diathese	die Neigung/Verletzbarkeit/Anfälligkeit eines Menschen, auf besondere Weise auf belastende Umweltereignisse zu reagieren
Disposition	Veranlagung; Beschreibt Ursachen individueller Unterschiede im Erleben und Verhalten, die der Person zuzurechnen sind
Dissoziative Symptome	Zerfall von zusammengehörigen Denk- und Handlungsabläufen (z. B. Depersonalisation, Derealisation)
Dopamin	Erregend wirkender Neurotransmitter, beeinflusst Antrieb und Motivation
Empathie	Einfühlungsvermögen; Fähigkeit, Emotionen und Gedanken Anderer verstehen und nachvollziehen zu können
Endorphine	Neurotransmitter die für Schmerzlinderung und positive Gefühle bis hin zu Euphorie sorgen (Endo = eigen -orphin = Morphin – körpereigene, morphinartige Opioide)
Epidemiologie	Verbreitung (z. B. von psychischen Störungen)
Ich-Syntonie	(erkrankte) Persönlichkeit wird als Teil des Ichs erlebt (Gegenteil: Ich-Dystonie)
Intoxikation	Vergiftung; Externe Veränderung des neurochemischen Gleichgewichts durch Giftstoff, die zu Änderung des Erlebens und Verhaltens führt (Bsp. Alkoholintoxikation)

Kausal-beziehungen	Zusammenhänge, bei denen ein Zustand als Ursache der beobachteten Wirkung identifiziert werden kann
Kognition	Beschreibt Gedankenprozesse, Informationsverarbeitung und Output (z. B. Sprache, Problemlösen etc.)
Komorbidität	Beschreibt den Umstand, dass zu einer Grunderkrankung zusätzlich eine weitere Erkrankung auftritt (Bsp. Neben PTBS entwickelt sich komorbid auch eine Angststörung).
Konditionierung	Die erlernte Verknüpfung von bestimmten Reizen und Reaktion
kortikale Kontrolle	Beschreibt die Fähigkeit, Motorik und Bewegungen zu koordinieren und auszuführen
Latenzphase	Zeitraum vor Ausbruch einer Erkrankung, es besteht eine erhöhte Empfindlichkeit für auslösende Bedingungen/Faktoren
Libido	Auf Sexualität und Lustgewinn ausgerichtete Energie; Verlust = geringer Sexualtrieb
Negativ-symptomatik	Symptome, bei denen psychische Merkmale zurückgehen (z. B. Antriebslosigkeit, sozialer Rückzug)
Neuroleptika	Alle antipsychotisch wirksamen Substanzen (Medikamente, die gegen Erregungszustände, Wahnideen, Halluzinationen etc. eingesetzt werden)
Neurologie	Wissenschaft die das Nervensystem und das Gehirn und seine Prozesse erforscht
Neurotransmitter	Botenstoffe im Gehirn, die Denken, Empfinden und Handeln beeinflussen
Noradrenalin	Neurotransmitter und Stresshormon, das zur schnellen Aktivierung führt, Überschuss kann zu Manie führen
Omnipotenzgefühl	Gefühl der Allmacht, bei dem eigenen Fähigkeiten und Einfluss auf Umwelt überschätzt werden
Pathologisch	Beschreibt krankhaften Dauerzustand von Gefühlen oder Handlungsweisen (z. B. pathologische Angst, pathologisches Lügen)
Phobie	Angsterkrankung, bei der extreme Angst vor bestimmten Dingen oder Situationen entsteht (z. B. soziale Phobie)

Positiv-symptomatik	„produktive" Symptome, die über normales Verhalten und Erleben hinausgehen (z. B. Wahnvorstellungen)
Prävalenz	Beschreibt die Wahrscheinlichkeit, dass eine Erkrankung auftritt
psychotrop	Substanzen, die auf die Psyche einwirken, das Erleben und Verhalten verändern (z. B. Alkohol)
Psychophysiologie	Beschreibt die Beziehung zwischen psychischen Aktivitäten und Körperfunktionen
Risikopopulation	Gesellschaftsgruppen, für die bei bestimmten Erkrankungen ein erhöhtes Risiko besteht
Sensorik	Überbegriff für die Wahrnehmung der Umwelt durch die Sinnesorgane (Sehen, Hören, Riechen, Schmecken, Tasten)
Serotonin	Neurotransmitter, der Stimmung und Wohlbefinden beeinflusst
Somatisierung	Psychophysiologische Symptome, bei denen psychische Erkrankungen zu körperlichen Leiden führen
sozioökonomischer Status	Beschreibt soziale Stellung von Personen über Merkmale der Lebensumstände wie Vermögen, Bildung und Beruf
Substanzinduktion	Zufuhr von psychotropen Substanzen, die zur Entwicklung von Störungen führen kann
Symptom	Merkmal einer Erkrankung, das sich als Beschwerde beim Patienten äußert
Syndrom	Beschreibt eine bestimmte Kombination von Symptomen, die ein Krankheitsbild darstellen
Toleranz-entwicklung	Gewöhnung an Substanz; verminderte Wirkung bei gleicher Konsummenge, kann auf Suchterkrankung hinweisen
Vulnerabilität	Anfälligkeit für emotionale Verletzung und die Entwicklung psychischer Störungen (Gegenteil: Resilienz)